Bei dir bin ich zu Hause

Texte
für die Liturgie
im Gottesdienst
mit Kindern

*herausgegeben
von Lutz Geiger
und
Gottfried Mohr*

W0180184

 VERLAG JUNGE GEMEINDE

Inhaltsverzeichnis

Zum Gebrauch

In diesem Buch stehen Texte für die Gestaltung der Liturgie in Gottesdiensten mit Kindern. Es will ein praktisches Hilfsmittel sein. Mitarbeiterinnen und Mitarbeiter, die die Liturgie vorbereiten, finden hier Textvorschläge für Eingangsworte, Psalmen, Eingangs-, Schluss- und Fürbittengebete und für den Segen. Sie finden außerdem liturgische Gestaltungsvorschläge für besondere Anlässe wie zum Beispiel das Kinderkirchfrühstück oder die Feier des Heiligen Abendmahls.

Die Texte sind bewusst in Stil und Gestalt ganz unterschiedlich. Sie passen in viele Situationen. Ein Stichwortverzeichnis hilft beim Suchen. Alle Texte sind Anregungen. Jede und jeder kann die Texte so verändern und bearbeiten, dass sie für sie oder ihn und die jeweilige Situation im Kindergottesdienst passen.

Weitere Hilfsmittel zur Liturgie

Das Buch »Er gebe uns ein fröhlich Herz« war jahrelang ein vielbenutztes Hilfsmittel im Kindergottesdienst. Es soll durch diese neue Veröffentlichung abgelöst werden. Ergänzend hierzu werden zwei weitere Hilfsmittel angeboten:

● Wie eine Tüte Rückenwind

Eine Auswahl der Gebetstexte dieses Buches sind in diesem kleinen Büchlein für die Hand der Kinder zusammen gefasst (siehe Übersicht Seite 128). Es soll ein Gebetbuch für die Kinder zum selber Lesen sein. Es ist auch geeignet, um den Kindern, die die Liturgie im Kindergottesdienst mitgestalten, den Text in die Hand geben zu können. Das Büchlein wird im Sommer 2001 im Verlag »Der Jugendfreund« (Postfach 10 03 55, 70747 Leinfelden-Echterdingen) erscheinen. Die Gebete, die im kleinen Gebetbüchlein zu finden sind, sind in diesem Buch mit einem Stern* hinter der Nummer gekennzeichnet.

● **Du bist da - Gebete zum Plan für den Kindergottesdienst**
Dieses Buch erscheint jedes Jahr im Verlag Junge Gemeinde und bringt Texte und Gestaltungsvorschläge nach den Texten und Themen, die vom Plan für den Kindergottesdienst für das entsprechende Jahr vorgeschlagen wurden.

● **Liederbücher**
Natürlich brauchen wir für den Kindergottesdienst auch noch Liederbücher. Dieses Buch verweist zunächst auf das Evangelische Gesangbuch und dann vor allem auf das »Liederbuch für die Jugend« (Quell Verlag/Gütersloher Verlagshaus). Lieder und Texte aus diesen beiden Büchern werden in der Regel hier nicht noch einmal abgedruckt.

Gemeinsam feiern

Liturgie betrifft den ganzen Kindergottesdienst. In jedem Teil des Kindergottesdienstes wird auf eigene Weise gefeiert, dass Gott die Kinder stärkt und befreit. Im Kindergottesdienst können alle erleben, wie gut es tut, als Gemeinde zusammenzugehören.

Kinder feiern Gottesdienst
Einführende Gedanken zur Liturgie des Kindergottesdienstes

Gottesdienst

Gott bietet uns diesen Dienst an: Wir dürfen besondere Zeiten, Räume und Formen für die Begegnung mit Gott gestalten. Natürlich können wir Gott überall und zu jeder Zeit begegnen. Weil aber Gott unsichtbar ist und weil wir im Alltag oft so leben, als ob es Gott nicht gäbe, tut Gottesdienst gut: Gott bietet uns an, ihm im Gottesdienst zu begegnen. Da können wir Gott ansprechen, auf ihn hören und ihn loben – und so Gott dienen. Das Geschenk des Gottesdienstes gilt allen Menschen, natürlich auch den Kindern. Das Geschenk gilt der Gemeinde, die sich im Gottesdienst als große Gemeinschaft erleben kann. Deshalb tut es der Gemeinde gut, Gottesdienst für Alle (Familiengottesdienste) zu feiern, in denen alle Altersgruppen angesprochen werden. Es ist aber auch wichtig, auf die besondere Lebenssituation der Kinder Rücksicht zu nehmen, deshalb ist der Kindergottesdienst wichtig.

Die Welt der Kinder

Kinder fühlen sich wohl, wenn sie merken, dass der Kindergottesdienst mit dem, was wirklich wichtig ist in ihrem Leben, zu tun hat. Kinder kommen freiwillig in den Kindergottesdienst. Eltern können den Kindergottesdienst ihren Kindern ans Herz legen - letztlich kommen die Kinder, weil sie gerne kommen möchten. Dafür gibt es Gründe:
– Der Kindergottesdienst ist so schön und abwechslungsreich gestaltet.
– Die Kinder sind gerne mit anderen Kindern zusammen.
– Die Kinder erleben in den Mitarbeiterinnen und Mitarbeitern verlässliche Freundinnen und Freunde.
– Die Kinder kommen im Kindergottesdienst zu Wort.
– Die Kinder erfahren, dass Gott ihnen im Gottesdienst Gutes tut.

Kinder wollen im Kindergottesdienst mit ihren Bedürfnissen ernst genommen werden:
- in ihrer Freude an der Bewegung,
- in ihrer Neugierde,
- in ihrer Sehnsucht nach Gemeinschaft,
- in ihrem Hunger auf Geschichten,
- in ihrer Lust zu singen, zu spielen und zu tanzen,
- in ihrer Freude, etwas zu gestalten.

Kinder wollen den Gottesdienst »mit Herzen, Mund und Händen« erleben.

Liturgie

Liturgie bedeutet: Der gute Dienst, den Gott uns tut und den wir Gott tun. Praktisch gesehen geht es in der Liturgie um die Gestaltung eines Gottesdienstes. Und die Gestaltung hat entscheidenden Einfluss auf die Atmosphäre des Gottesdienstes. Die Bereiche der Gottesdienstgestaltung sind:
- Der Gottesdienstraum, Symbole, Schmuck und Bilder
- Der Ablauf (Form, Ordnung) des Gottesdienstes
- Das Singen und die Musik im Gottesdienst
- Die Gebetstexte vom Eingangswort bis zum Segen

Der Schwerpunkt dieses Buches liegt auf dem letzten Punkt, auf den Gebetstexten. Grundsätzliche Fragen zur Liturgie, über die Raumgestaltung und den Ablauf - natürlich immer mit praktischen Anregungen - werden im Buch »Du willst bei uns wohnen« erörtert (erscheint voraussichtlich 2002 im Verlag Junge Gemeinde). Für die musikalische Gestaltung der Liturgie verweisen wir auf die Liederbücher, z.B. das »Liederbuch für die Jugend« (Quell-Verlag/Gütersloher Verlagshaus).

Abwechslung und Wiederholung

Wenn Ablauf und Form des Kindergottesdienst jedes Mal ähnlich sind, dann soll das keine einengende Zwangsjacke sein, sondern eine Erleichterung. Die Vorbereitung wird durch eine festgelegte Ordnung leichter, die Kinder - vor allem die Kleinen - fühlen sich wohl, wenn sie Vertrautes wieder entdecken. Liturgie vermittelt Geborgenheit, wenn sie gut gemacht wird.

Die liturgischen Stücke (Gebete, Psalmen u.s.w.) können wechseln und sich wiederholen. Kinder freuen sich genauso über Vertrautes, das sie wiedererkennen, wie über Neues, das sie neugierig macht und überrascht.

Texte

Für unsere Gebete können wir ganz unterschiedliche Formen von Gebeten wählen. Wir können im freien Gebet eigene Worte wählen und die Kinder mit ihren Gedanken zu Wort kommen lassen. Wir können uns die Worte, die wir beten wollen, vorher zurecht legen und schriftlich vorbereiten. Wir können Worte anderer übernehmen. In diesem Buch sind alte Gebete aus der Tradition und moderne Texte abgedruckt. Viele Stimmen kommen in unterschiedlichster Weise zu Wort.

Im Kindergottesdienst beten wir nicht für uns allein, sondern mit anderen. Deshalb dürfen wir getrost Worte anderer für diese Gebete übernehmen. Wichtig ist nur, dass die Kinder angesprochen werden und sie ihre Gedanken und Anliegen in diese Worte hineinlegen können.

Anfang und Ende

Das Gebet beginnt mit der Anrede. Wir sprechen Gott an oder Christus, wir dürfen ihn Vater, Freund, Bruder und Herr nennen. Gott ist aber auch wie eine Mutter, wie der gute Heilige Geist. Die Anrede Gottes soll Vertrauen und nicht Furcht wecken. Das Gebet endet mit dem Amen.

Kleine und Große

Im Kindergottesdienst kommen Kinder mit großem Altersunterschied zusammen: Die Jüngsten sind vielleicht drei Jahre alt, die ältesten dreizehn. Viele Kindergottesdienste bieten deshalb für den Teil der Verkündigung Altersgruppen, der liturgische Rahmen ist für alle gleich. Damit alle Kinder sich in der Liturgie zu Hause fühlen, muss sie so gestaltet werden, dass für jede Altersstufe etwas dabei ist. Das gilt natürlich besonders für die Auswahl der Lieder. Die jüngeren Kinder werden dabei Texte und Gestaltungen erleben, die sie noch nicht (ganz) verstehen, die älteren werden Phasen erleben, die für sie eigentlich zu kindlich sind. Es ist darauf zu achten, dass nicht immer eine der Altersgruppen zu kurz kommt. Im Kindergottesdienst können aber auch die Älteren den Jüngeren helfen. Das Erlebnis der Gemeinschaft ist wichtiger als die zielgenaue altersspezifische Gestaltung.

Beteiligung

Die Liturgie bietet vielfältige Möglichkeiten, die Kinder am Gottesdienst zu beteiligen:
- Lieder laden zum Mitsingen ein,
- Bewegungslieder lockern auf,
- Kehrverse und Gebetsrufe werden gemeinsam gesprochen,
- Kinder zünden Kerzen an, sammeln das Opfer ein, spielen Instrumente, gestalten den Altar,
- besondere Gesten unterstreichen die Gedanken der Gebete,
- Kinder sprechen ihre Gebetsanliegen aus,
- Kinder werden eingeladen zum gemeinsamen Frühstück, zur Feier des Abendmahls.

Die größeren Kinder können auch schon Aufgaben in der Liturgie übernehmen, Texte vortragen und eigene Texte verfassen. Dieses Buch kann auch den Großen selbst in die Hand gegeben werden mit der Aufgabe, für den (nächsten) Kindergottesdienst ein Gebet herauszusuchen und vorzutragen.

Der Ablauf (Ordnung) eines Kindergottesdienstes

Wir kommen zusammen und begrüßen uns
Musikstück
Persönliche Begrüßung

Gott ist da und lädt uns ein
Eingangswort

Gott, wir sprechen dich an
Eingangslied
Psalm
Ehr sei dem Vater
Eingangsgebet
Lied

ZUM TAG:

Diese Elemente können auch an einer anderen Stelle im Gottesdienst vorkommen:
- Jahreslosung
- Das Opfer wird eingesammelt und zum Altar getragen.
- Der Geburtstag wird gefeiert.
- Begrüßung von Kindern, Mitarbeiterinnen und Mitarbeitern, die zum ersten Mal da sind.
- Einstimmung in das Thema.

Wir hören, sehen und staunen
Verkündigung – kreative Gestaltung (evtl. in Altersgruppen)
Lied
Miteinander feiern: Frühstück, Abendmahl ...

Gott, wir dürfen dir alles sagen
Gebet mit Fürbitten
Gemeinsames Vaterunser
Lied

Gott begleitet uns
Segensbitte
Verabschiedung

Kurze Erklärungen zu den Teilen des Kindergottesdienstes

Der vorgeschlagene Ablauf (Ordnung) möchte eine Hilfe sein und keine feste Regel. Trotzdem sollte jeder Vorbereitungskreis sich auf einen feststehenden Ablauf einigen, weil er den Kindern hilft und die Vorbereitung erleichtert.

Vor dem Gottesdienst

Vor dem Gottesdienst braucht das Team Zeit, den Raum vorzubereiten und zu gestalten. Wenn die Kinder kommen, werden sie begrüßt und die Mitarbeiterinnen und Mitarbeiter haben Zeit für sie.

Der Gottesdienst beginnt

Wenn die Glocken läuten, beginnt der Gottesdienst. Nach dem Glockenläuten ist ein Zeichen zum Stillwerden sinnvoll (Musikstück oder Anzünden der Kerzen).

Begrüßung

Die Kinder erfahren dabei, dass sie wahrgenommen und wertgeschätzt werden. Hier haben die Kinder die Gelegenheit zu sagen, was sie in der vergangenen Woche erlebt haben und wie es ihnen geht. Ebenso können wir auf Besonderheiten des Tages aufmerksam machen (Kirchenjahr).

Eingangswort

Mit dem Eingangswort wird daran erinnert, dass Gott in der Mitte des Gottesdienstes steht, wir von ihm eingeladen und in seinem Namen beisammen sind.

Eingangslied

Das Eingangslied soll bekannt sein. Es kann über einige Wochen hinweg gleich bleiben.

Psalm und Eingangsgebet

Die Psalmen sind Gebete aus der Bibel. Seit der Zeit des Alten Testaments wurden sie gebetet. Schon in der frühen christlichen Kirche haben sie ihren Platz im christlichen Gottesdienst gefunden. Psalmen werden oft im Wechsel zwischen zwei Gruppen oder zwischen Einzelnen und einer Gruppe gesprochen. Sie sind so gedichtet, dass in der Regel die zweite Vershälfte den Gedanken der ersten Vershälfte mit anderen Worten wiederholt.

In neuerer Zeit wurden auch alte Psalmen in neue Sprache übertragen oder neue Gebete im Stil der alten Psalmen gedichtet. Damit die Kinder, die noch nicht lesen können, beteiligt werden können, haben diese neueren Psalmen oft einen Kehrvers. Diese Kehrverse können vielfach auch gesungen werden.

In manchen Gemeinden wird nach dem Psalmgebet noch ein Eingangsgebet angeschlossen, oder nur ein Eingangsgebet gesprochen.

Zum Tag

An dieser Stelle werden Elemente vorgeschlagen, die auch an einer anderen Stelle im Kindergottesdienst vorkommen können.

Lied

Jetzt kann auch ein neues Lied gelernt werden, das zum Thema passt. Es kann ein Bewegungslied sein oder zu einem Tanz werden. Vielleicht spielen einige Kinder auf eigenen Instrumenten mit.

Verkündigung

In Gruppen wird die biblische Geschichte erzählt oder ein Thema erarbeitet oder ein Bibelvers veranschaulicht. Mit einer kreativen Gestaltungsidee erfahren die Kinder das Gehörte mit eigenen Sinnen. Aus der Gruppe kann etwas in die große Gruppe mitgebracht werden. Zur Verkündigung gehört auch das gemeinsame Glaubensbekenntnis. Es kann seinen Platz in der Gruppenphase oder in der Gesamtgruppe haben.

Lied

Mit dem Lied kommt die große Gruppe wieder zusammen zum Schlussteil des Kindergottesdienstes.

Gebet mit Fürbitten

In diesem Gebet kann das Thema noch einmal aufgenommen werden. In den Fürbitten bitten die Kinder für andere Menschen, für die Welt und für die Kirche. Vielleicht kann auch eine ganz persönliche Fürbitte spontan formuliert werden.

Vaterunser

Das Vaterunser verbindet alle Christinnen und Christen miteinander. Es wird jedes Mal gebetet. Es kann auch gesungen werden.

Segen

Im Segen sagt uns Gott zu, dass er uns auf allen unseren Wegen begleitet. Er wird oft mit Zeichenhandlungen unterstrichen: Alle stehen im Kreis und halten sich an den Händen.

Wir kommen zusammen und begrüßen uns

Vor Beginn

1

Ankommen im Raum: Ihr seid willkommen

Bevor das erste Wort des Gottesdienstes gesprochen wurde, haben die Kinder schon viel erlebt:
— Sie sind den Weg zum Gottesdienstraum gegangen.
— Sie haben andere Kinder auf dem Weg zur Kinderkirche getroffen.
— Sie haben ihren Anorak oder ihre Jacke abgelegt und sind in den Raum hineingegangen.
— Sie haben gemerkt, dass der Raum für sie vorbereitet ist.
— Sie stauen über den schön geschmückten Altar, die schön gestaltete Mitte.
— Sie wurden begrüßt und haben andere begrüßt.
— Sie haben ihren Namen in ein Wandbild eingetragen oder dort wiedergefunden.

Auf das, was vor dem Kindergottesdienst geschieht, haben die Mitarbeiterinnen und Mitarbeiter auch ihren Einfluss. Kleine Zeichen können signalisieren: Du bist hier willkommen. Schön, dass du da bist. Das tut Kindern gut.

Ihr seid willkommen und wir nehmen euch wahr. Das soll der erste Eindruck im Gottesdienst sein.

2

Lieder zur Begrüßung

Ein jeder kann kommen (LJ 512)
Guten Morgen, das ist schön (LJ 388)
Guten Tag, ihr seid willkommen (LJ 545 / KG 177)

3

Jedes Kind auf dieser Welt hat einen Namen

Kinder finden es wichtig, dass ihre Namen bekannt sind. Das folgende Lied hilft zum besseren Kennenlernen. Der Reihe nach sagen immer vier Kinder ihre Vornamen. Diese werden dann in die Strophe eingesetzt. Die nächsten vier Kinder kommen in der zweiten Strophe vor.
Dieses Lied eignet sich besonders, wenn viele neue Kinder (z.B. nach einer Werbeaktion) gekommen sind, neue Mitarbeiterinnen oder Mitarbeiter angefangen haben, oder der Kindergottesdienst Besuch bekommen hat (vielleicht von den Kindern aus der Nachbargemeinde).

Jedes Kind auf dieser Welt

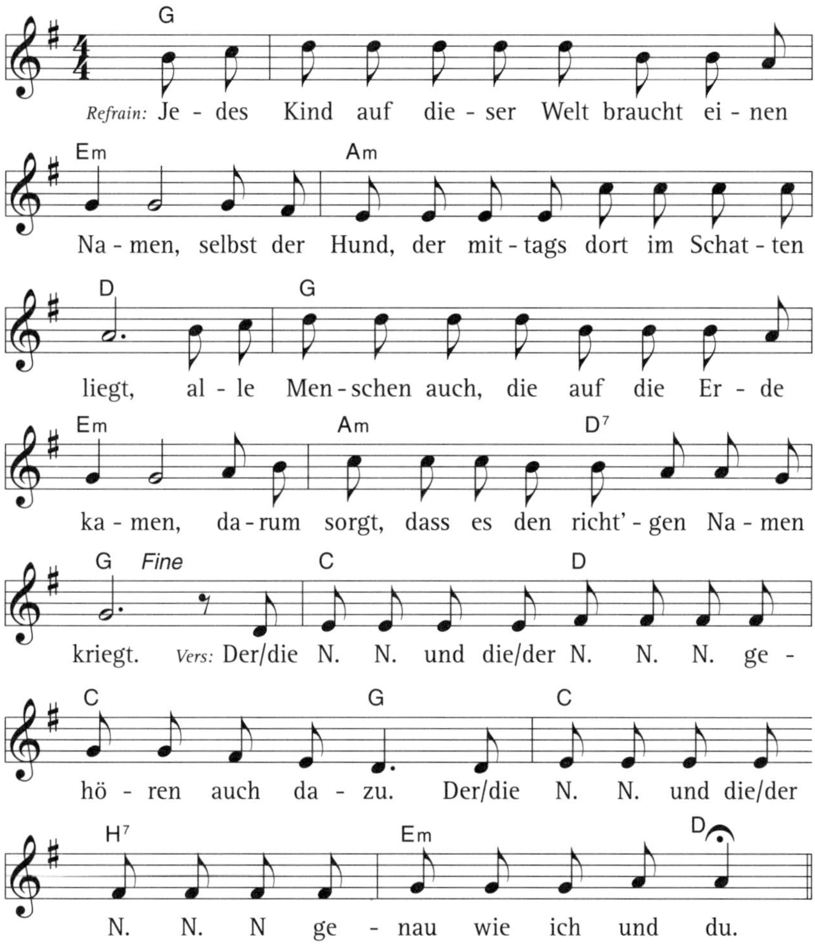
G
Refrain: Je - des Kind auf die - ser Welt braucht ei - nen
Em Am
Na - men, selbst der Hund, der mit - tags dort im Schat - ten
D G
liegt, al - le Men - schen auch, die auf die Er - de
Em Am D7
ka - men, da - rum sorgt, dass es den richt' - gen Na - men
G Fine C D
kriegt. Vers: Der/die N. N. und die/der N. N. N. ge -
C G C
hö - ren auch da - zu. Der/die N. N. und die/der
H7 Em D
N. N. N ge - nau wie ich und du.

Der Refrain wird nach jeder Strophe gesungen.

Text und Melodie: Harald Beck. Rechte beim Autor.

Gott ist da
und lädt uns ein

Eingangsworte

Allgemeine Eingangsworte

4 **Im Namen**

Liturg: Im Namen Gottes, des Vaters und des Sohnes
und des Heiligen Geistes.
Alle: Amen.
Liturg: Unsere Hilfe steht im Namen des Herrn,
Alle: der Himmel und Erde gemacht hat.

5 **Gott lädt uns ein**

Gott lädt uns ein.
Deshalb feiern wir diesen Gottesdienst in seinem Namen
und freuen uns, dass er bei uns ist.

6 **Wir feiern**

Wir feiern unseren Kindergottesdienst
im Namen Gottes, der uns liebt,
im Namen Jesu, der uns befreit
und im Namen des Heiligen Geistes, der uns untereinander verbindet.

7 **Siehe, ich bin bei euch**

Wir sind beieinander, weil Jesus seinen Jüngerinnen und Jüngern
verspricht:
»Siehe, ich bin bei euch alle Tage bis an der Welt Ende.«
Herr, wir freuen uns, dass du jetzt bei uns bist, wenn wir diesen Gottesdienst feiern.

Willkommen im Namen des Herrn

8

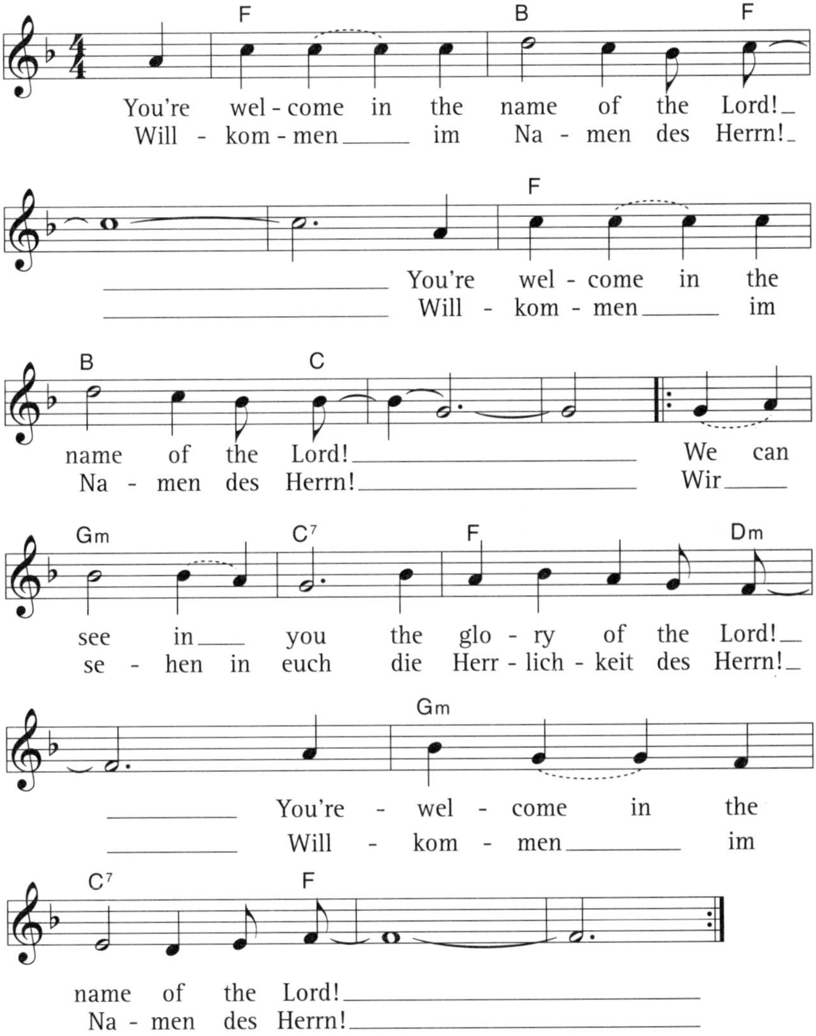

You're wel - come in the name of the Lord!_
Will - kom - men____ im Na - men des Herrn!_

You're wel - come in the
Will - kom - men____ im

name of the Lord!____ We can
Na - men des Herrn!____ Wir____

see in____ you the glo - ry of the Lord!_
se - hen in euch die Herr - lich - keit des Herrn!_

You're - wel - come in the
Will - kom - men____ im

name of the Lord!____
Na - men des Herrn!____

Text und Melodie: Aus Kamerun; Übersetzung: Gottfried Mohr.

23

9 **Der Altar wird geschmückt**

Während des Eingangswortes kann der Altar (Tisch) gedeckt, die Mitte gestaltet werden.
Bibel, Kreuz und Kerzen können den Anreden Gottes als Vater, Sohn und Heiliger Geist zugeordnet werden:

Gott ist für uns da wie ein guter Vater. Wir hören auf ihn und dürfen ihm alles sagen.
(Ein Kind bringt die Bibel.)
Jesus ist für uns da, unser Bruder. Er hat uns gezeigt, was Liebe ist.
(Ein Kind bringt das Kreuz.)
Der Heilige Geist ist bei uns. Ein guter Geist verbindet uns. Sein Licht erleuchtet die Welt.
(Ein Kind zündet die Kerze an.)

Eingangsworte zum Kirchenjahr

10 **In der Adventszeit**

Macht hoch die Tür, die Tor macht weit.
Es kommt der Herr der Herrlichkeit.
Jesus, komm zu uns in diesen Gottesdienst!
Lass uns spüren, dass du da bist,
auch wenn wir dich nicht mit unseren Augen sehen.
Wenn du kommst, wird die Welt heil. Darauf hoffen wir.

11 **In der Weihnachtszeit**

Die Finsternis vergeht und das Licht scheint immer heller.
Freude wird bei allen sein, die traurig sind.
Gib uns Ohren, die auf die Traurigen hören.
Gib uns Augen, die das Leid der Menschen sehen.
Gib uns die Stärke, Gutes zu tun.

In der Passionszeit

Christus, du feierst mit uns diesen Gottesdienst.
Du kommst nicht zu den Großen, den Starken, den Strahlenden.
Du bist bei den Kleinen, den Schwachen, den Leidenden.
Komm zu uns.

In der Osterzeit

Ostern ist heute. Christus ist auferstanden.
Der Tod ist besiegt. Christus ist auferstanden.
Wir sind froh und dankbar. Christus ist auferstanden.

Melodie und Satz: Melchior Vulpius

Das *Halleluja* ist der Jubelruf der Gemeinde: Preist den Herrn.

Am Pfingstfest und im Sommer

Komm Heiliger Geist,
komm in unsere Mitte.
Wo du bist, wird es hell und warm.
Lass uns in diesem Gottesdienst deine Liebe spüren
und in unserer Welt Frieden schaffen.

15 **Am Erntedankfest**

Der Altar ist heute reich geschmückt mit Früchten und Lebensmitteln.
Du schenkst uns, was wir zum Leben brauchen.
Deshalb loben wir dich, guter Gott, und danken dir in diesem Gottesdienst.

16 **Up on the Mountain Top**

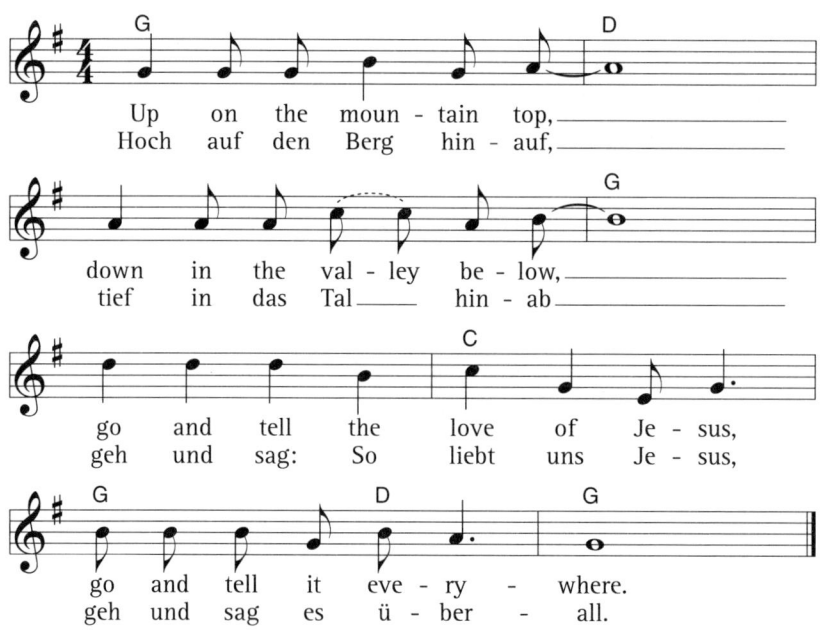

Up on the moun - tain top,
Hoch auf den Berg hin - auf,

down in the val - ley be - low,
tief in das Tal hin - ab

go and tell the love of Je - sus,
geh und sag: So liebt uns Je - sus,

go and tell it eve - ry - where.
geh und sag es ü - ber - all.

Text und Melodie aus Kamerun. Übersetzung: Gottfried Mohr.

Dieses Lied aus Kamerun kann gut als Überschrift über einem ganzen Kindergottesdienst stehen. Die Kinder in Kamerun machen dazu folgende Bewegungen:

Text:	Bewegungen:
Up on the mountain top	*Mit einer Hand nach oben zeigen.*
Down in the valley below	*Mit beiden Händen nach unten zeigen.*
Go and tell the love of Jesus	*Mit beiden Händen Bewegungen wie ein Sämann machen.*
Go and tell it everywhere	*Mit beiden Händen den Erdkreis beschreiben.*

Gesungene Eingangsworte

Ausgang und Eingang (EG 175 / LJ 119 / MKL 2)
Viele kleine Leute (EG Regionalteile / LJ 620)
Vom Aufgang der Sonne (EG 456 / LJ 268 / MKL 36)
Lasst uns miteinander (EG Regionalteile / LJ 403 / MKL 23)
Wo zwei oder drei in meinem Namen (EG Regionalteile / LJ 470)
Gott sagt uns immer wieder (LJ 542 / KG 216)
Du hast uns, Herr, gerufen (EG 168 / LJ 112 / MKL 8)
In Gottes Namen zieht ein in dies Haus (LJ 400)

Gott,
wir sprechen dich an

....

Psalmen und
Eingangsgebete

Psalmgebete aus der Bibel

Viele biblische Psalmen stehen im LJ (657-687). Sie werden in dieser oder ähnlicher Form auch im Gottesdienst der Erwachsenen gesprochen (siehe EG). Es folgen drei Psalmgebete, bei denen der Luthertext bearbeitet wurde, damit er für Kinder verständlicher wird.

18 **Sieh mich doch wieder an!** (aus Psalm 13)

Herr, willst du mich für immer vergessen?
Wie lange verbirgst du dein Antlitz vor mir?

Wie lange soll ich mich sorgen in meiner Seele?
Wie lange soll der Kummer an meinem Herzen nagen?

Sieh mich doch wieder an! Erhöre mich, Herr, mein Gott!
Erleuchte meine Augen, das ich nicht im Tod versinke!

Ich vertraue auf deine Liebe;
mein Herz freut sich, dass du so gerne hilfst.
Ich will dem Herrn singen, weil er mir Gutes tut.

19 **Mein Licht und mein Heil** (Psalm 27)

Der Herr ist mein Licht und mein Heil;
vor wem sollte ich mich fürchten?
Der Herr ist meines Lebens Kraft;
vor wem sollte mir grauen?

Eines bitte ich vom Herrn, das hätte ich gerne:
solange ich lebe, möchte ich in seinem Haus bleiben,
um dort seine Freundlichkeit zu erleben
und seinen Tempel zu bewundern.

Herr, höre meine Stimme, wenn ich rufe;
sei mir gnädig und erhöre mich!
Ich befolge deine Worte. Du hast gesagt: »Kommt zu mir!«
Darum suche ich deine Nähe, Herr.

Der Herr ist mein Licht und mein Heil;
vor wem sollte ich mich fürchten?
Der Herr ist meines Lebens Kraft;
vor wem sollte mir grauen?

Verbirg dein Antlitz nicht vor mir,
jag' mich nicht im Zorn von dir weg!
Denn du bist meine Hilfe; verlass mich nicht!
Verstoß mich nicht, Gott du bist mein Retter.

Denn mein Vater und meine Mutter verlassen mich,
aber der Herr nimmt mich auf.
Vertrau auf den Herrn!
Sei getrost und unverzagt, vertrau auf den Herrn!

Der Herr ist mein Licht und mein Heil;
vor wem sollte ich mich fürchten?
Der Herr ist meines Lebens Kraft;
vor wem sollte mir grauen?

Nachdichtungen und Psalmgebete aus unserer Zeit

Psalmgebete aus unserer Zeit finden wir im LJ (688-702). Wir bringen hier einige
Beispiele mit Melodien zu den Kehrversen und weitere neue Psalmgebete.

Wo bist du, Gott (zu Psalm 23)

20*

Manchmal denk ich: Wo bist du, Gott?
Ich kann dich nicht sehen, bist du weit fort?
Dann sehe ich mein Zimmer, den Saft und das Brot,
die Blumen zum Freuen, die Freunde in Not,
so vieles zum Danken! Ich sehe dich, Gott.

Der HERR ist mein Hirte,
mir wird nichts mangeln.
Er weidet mich auf einer grünen Aue
und führet mich zum frischen Wasser.
Er erquicket meine Seele.

Manchmal frag ich: Gott, muss das sein?
Warum sind so viele Menschen allein?
Warum werde ich krank, schlafe vor Schmerzen nicht ein?
Warum kann ich nicht auch mal der Erste sein?
Warum ist das Böse hart wie Stein?
Gott, lässt du mich nicht allein?

Er führet mich auf rechter Straße
um seines Namens willen.
Und ob ich schon wanderte im finstern Tal,
fürchte ich kein Unglück;
denn du bist bei mir,
dein Stecken und Stab trösten mich.

Manchmal denk ich: Dein Haus ist die Welt;
Der Himmel das Dach, das schützt wie ein Zelt.
Die Erde ein Teppich, so bunt wie ein Feld,
auf dem alles wächst, was wirklich zählt:
Lachen und Weinen und Frohsein - nichts fehlt!
Hier darf ich wohnen - in deiner Welt.

Du bereitest vor mir einen Tisch
im Angesicht meiner Feinde.
Du salbest mein Haupt mit Öl
und schenkest mir voll ein.
Gutes und Barmherzigkeit werden mir folgen mein Leben lang,
und ich werde bleiben im Hause des Herrn immerdar.

Bei dir, Herr, bin ich zu Hause

Melodie: Wolfgang Müller. Rechte beim Autor.

Darum bin ich dankbar
für alle Geborgenheit und Liebe, die ich erlebe.

Gut, dass es Menschen gibt, die mich verstehen:
Mutter, Vater, Geschwister und Freunde.
Sie meinen es gut mit mir.

Gut, dass ich ein Zuhause habe, ein Zimmer,
wo es gemütlich ist;
dort fühle ich mich wohl.

Bei dir, Herr, bin ich zu Hause.
Alles wird gut, weil du da bist.

Darum brauche ich nicht zu verzweifeln,
wenn es mir schlecht geht.

Es ist schlimm, wenn ich Angst bekomme.
Hoffentlich passiert meinen Eltern nichts.
Manchmal kann ich nicht einschlafen.
Dunkle Gedanken halten mich fest.

Es ist schlimm, wenn ich etwas angestellt habe.
Alle sind dann plötzlich gegen mich.
Sie reden auf mich ein, und ich weiß nicht,
wie ich es wieder gut machen kann.

Bei dir, Herr, bin ich zu Hause.
Alles wird gut, weil du da bist.

Darum kann ich mich trotz allem freuen.
Es gibt viel Schönes in meinem Leben.

Es ist schön, wenn mir etwas gelingt:
wenn ich bastle oder spiele, lerne oder arbeite.
Ich habe etwas geschafft, und es ist gut geworden.

Es ist schön, wenn ich einmal frei habe.
Da kann ich spielen, herumtollen,
mit Freunden losziehen und etwas unternehmen.
Ich habe gesunde Hände und Füße,
kann sehen, riechen, hören und fühlen.

Bei dir, Herr, bin ich zu Hause.
Alles wird gut, weil du da bist.

22 Geborgen ist mein Leben in Gott

Geborgen ist mein Leben in Gott.
Er hält mich in seinen Händen.

Manchmal habe ich große Angst.
Ich bin ganz allein. Wer ist da, der mich tröstet?

Manchmal bin ich sehr traurig.
Oft weiß ich nicht einmal, warum.
Wer ist da, der mich in seinen Arm nimmt?

Geborgen ist mein Leben in Gott.
Er hält mich in seinen Händen.

Manchmal habe ich das Gefühl,
dass niemand mich leiden mag.
Oft mag ich mich selbst nicht.
Wer ist da, der mich verstehen kann?

Manchmal bin ich feig.
Ich schweige, wenn ich reden sollte.
Ich rede, auch wenn ich schweigen sollte.
Mir fehlt der Mut, das Rechte zu tun.
Wer ist da, der mir hilft?

Geborgen ist mein Leben in Gott.
Er hält mich in seinen Händen.

Manchmal habe ich Angst vor dem Sterben.
Ich weiß nicht, wie das ist.
Wer ist da, der mich in meiner Angst begleitet?
Gott ist für mich da. Er hat mich lieb.

Geborgen ist mein Leben in Gott.
Er hält mich in seinen Händen.

Melodie für den Kehrvers:

Melodie: Wolfgang Müller. Rechte beim Autor.

23*

Gott behütet mich (nach Psalm 121)

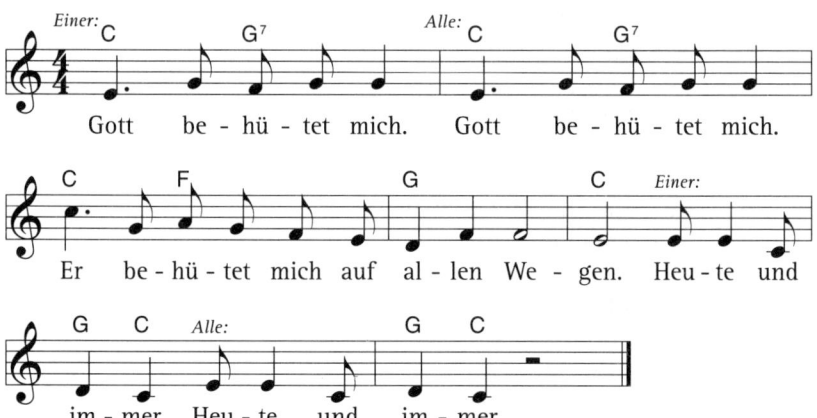

Einer: Gott be - hü - tet mich. Alle: Gott be - hü - tet mich.

Er be - hü - tet mich auf al - len We - gen. Einer: Heu - te und

Alle: im - mer. Heu - te und im - mer.

Melodie: Wolfgang Müller. Rechte beim Autor.

Ich schaue hin, ich schaue her und frage:
»Will mir denn keiner helfen?«

Dann fällt mir ein, dass Gott bei mir ist,
Gott, der Himmel und Erde gemacht hat.

Gott behütet mich.
Er behütet mich auf allen Wegen, heute und immer.

Gott schläft nicht.
Er führt meine Füße bei jedem Schritt.
Er ist bei mir, wie mein Schatten, und leitet meine Hand.
Tag und Nacht steht er mir zur Seite.

Gott behütet mich.
Er behütet mich auf allen Wegen, heute und immer.

Herr, unser Herrscher, wie herrlich ist dein Name

24*

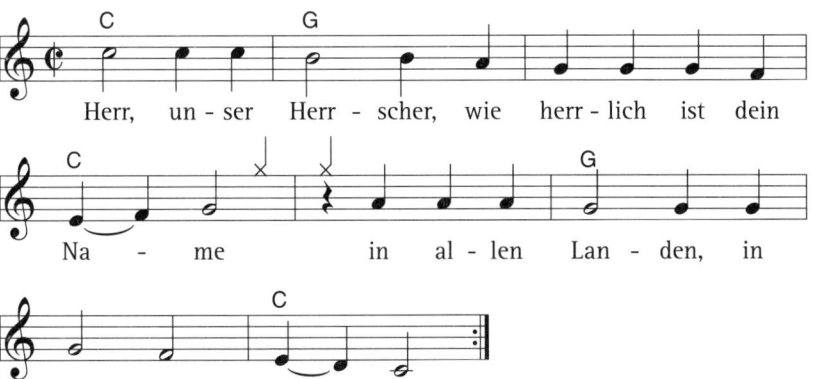

Text: Übertragung von Martin Luther; Melodie: Wolfgang Müller. Rechte beim Autor.

Wir freuen uns, dass du da bist.
Wir loben dich aus ganzem Herzen.

Große und Kleine staunen und sagen:
Gott, du bist gut.

Herr, unser Herrscher,
wie herrlich ist dein Name in allen Landen.

Der Mond und die Sterne,
der ganze Himmel kommt aus deiner Hand.

Ein Wunder ist der Mensch.
Er kann denken und sein Leben gestalten.
Du denkst an ihn und begleitest seinen Weg.

Herr, unser Herrscher,
wie herrlich ist dein Name in allen Landen.

Schaut euch die Welt an:
die Vögel in den Bäumen, die Schafe auf der Weide,
die Fische im Wasser.
Es ist schön, auf der Welt zu sein.

Es ist zum Staunen:
Die Bäume bringen Frucht, die Pflanzen bringen Nahrung,
der Boden ist voller Schätze.
Wir danken dir für diesen Reichtum.

Herr, unser Herrscher,
wie herrlich ist dein Name in allen Landen.

Kommt, macht mit! (nach Psalm 95)

Kommt, macht mit, wir wol-len fröh-lich

sein. Kommt, macht mit, hal-le-

lu - - - ja, hal - le - lu - - -

ja, hal - le - lu - - - ja.

Melodie: Harald Beck. Rechte beim Autor.

Wir sind dankbar
und loben dich mit Worten und Musik:
Du bist unser Gott, größer als alles, was lebt.

Wo wir auch sind
auf dem höchsten Berg oder im Tal,
auf dem weiten Meer oder an Land:
Wir sind in deiner Hand.

Kommt, macht mit! Wir wollen fröhlich sein! Halleluja!

Wir schauen auf zu dir.
Wir schämen uns nicht, dich zu bitten.
Du bist unser Gott und hast uns gemacht.

Wir gehören zu dir,
auch wenn wir oft eigene Wege gehen und taub sind für deine Stimme.
Wir sind dein Volk, wie Schafe geborgen in guter Hand.

Kommt, macht mit! Wir wollen fröhlich sein! Halleluja!

26 **Gott, du bist freundlich zu uns** (nach Psalm 67)

Gott, du bist freundlich zu uns,
gib uns, Gott, deinen Segen.

> Dein helles Licht soll uns scheinen,
> damit wir deine Wege finden,

> damit auf der weiten Welt
> alle Menschen dein Heil erkennen.

Gott, du bist freundlich zu uns,
gib uns, Gott, deinen Segen.

> Preisen sollen dich alle Menschen, Gott,
> alle Menschen sollen dich preisen.

> Sie sollen lachen und fröhlich sein,
> denn du kennst den richtigen Weg;
> was du willst, das hören die Menschen.

Gott, du bist freundlich zu uns,
gib uns, Gott, deinen Segen.

> Danken sollen dir alle Menschen, Gott,
> alle Menschen sollen dir danken.

> Deine Erde schenkt für uns ihre Früchte, Gott,
> du schaust freundlich auf uns,
> alle Welt soll dich ehren.

Gott, du bist freundlich zu uns,
gib uns, Gott, deinen Segen.

Von allen Seiten umgibst du mich (nach Psalm 139)

*Von allen Seiten umgibst du mich
und hältst deine Hand über mir.*

Gott, du kennst mich.
Du achtest auf mich.
Nie gibst du mich verloren.

Ich sitze oder stehe,
ich liege oder gehe,
du hältst deine Hand über mir.

*Von allen Seiten umgibst du mich
und hältst deine Hand über mir.*

Alle meine Wege sind dir bekannt.
Alles, was ich denke und sage: Du kennst es.
Mein ganzes Leben liegt offen vor dir.

Wenn ich in Schwierigkeiten bin, willst du mich begleiten.
Wenn ich nicht aus noch ein weiß
und mich am liebsten verstecken möchte,
so bleibt dir meine Not nicht verborgen.

Gott, du kennst mich.
Du achtest auf mich.
Nie gibst du mich verloren.

*Von allen Seiten umgibst du mich
und hältst deine Hand über mir.*

28 Lasst die Kinder zu mir kommen

Er gebe uns ein fröhlich Herz,
erfrische Geist und Sinn
und werf all Angst, Furcht, Sorg und Schmerz
ins Meeres Tiefe hin.

Das ist meine Welt, eine schöne Welt:
Schmetterlinge fliegen in der Luft.
Die Sonne scheint. Die Blumen blühen.
Es ist Sonntag. Die Glocken läuten.
Ich will dich loben, weil alles so schön ist.
Und du breitest deine Arme aus über allem und sagst:

Lasst die Kinder zu mir kommen!
Ihnen gehört das Himmelreich.

Das ist meine Welt, eine wunderbare Welt:
Wie zart sind die Flügel des Schmetterlings.
Die Blume weiß, wann es Zeit ist zu blühen.
Ich entdecke die Welt. Wie sinnvoll ist sie erdacht.
Jeden Tag verstehe ich mehr und lerne Neues hinzu.
Nie werde ich alles begreifen.
Und du breitest deine Arme aus über allem und sagst:

Lasst die Kinder zu mir kommen!
Ihnen gehört das Himmelreich.

Das ist meine Welt, eine rätselhafte Welt:
Nachts, wenn ich aufwache, bekommen Schatten Gesichter.
Neues und Unbekanntes kommt auf mich zu.
Hoffentlich geht jemand mit mir.
Ich habe Angst und fürchte mich.
Und du breitest deine Arme aus über allem und sagst:

Lasst die Kinder zu mir kommen!
Ihnen gehört das Himmelreich.

Das ist meine Welt, eine dunkle Welt:
Es gibt Kriege. Menschen leiden Hunger.
Über Nacht kann ich krank werden;
oder ich falle und tue mir weh.
Sorgen drücken und vor Schmerz muss ich weinen.
Und du breitest deine Arme aus über allem und sagst:

Lasst die Kinder zu mir kommen!
Ihnen gehört das Himmelreich.

Das alles ist deine Welt:
Das Schöne und das Wunderbare,
das Rätselhafte und das Dunkle.
Du hast alles in deiner Hand.
Und breitest deine Hand aus über uns.

Er gebe uns ein fröhlich Herz,
erfrische Geist und Sinn
und werf all Angst, Furcht, Sorg und Schmerz
ins Meeres Tiefe hin.

Melodie für den Kehrvers: »Er gebe uns ein fröhlich Herz« (EG 322 / LJ 184)

29

Aber du

Gott, in mir ist dunkel,
    aber bei dir ist Licht.

Ich bin einsam,
    aber du verlässt mich nicht.

Ich bin mutlos,
    aber du hilfst mir.

Ich bin unruhig,
    aber du schenkst mir Frieden.

In mir ist Bitterkeit,
    aber bei dir ist Geduld.

Ich verstehe deine Wege nicht,
    aber du weißt den Weg für mich.

Freuen dürfen sich alle (Seligpreisungen)

30*

Freuen dürfen sich alle, die von Gott etwas erwarten.
Gott ist für sie da. Auf ihn ist Verlass.

Was kann ich schon?
Ich bin klein und unbedeutend.
Ich bringe nur wenig fertig.
Andere sind viel klüger als ich.
Jesus sagt:

Freuen dürfen sich alle, die von Gott etwas erwarten.
Gott ist für sie da. Auf ihn ist Verlass.

Manchmal geht es mir gar nicht gut.
Immer wieder habe ich Angst und muss weinen.
Dann wünsche ich mir einen Menschen,
der mich in die Arme nimmt und mich tröstet.
Jesus sagt:

Freuen dürfen sich alle, die von Gott etwas erwarten.
Gott ist für sie da. Auf ihn ist Verlass.

Sie sagen zu mir: Lass dir nicht alles gefallen.
Du musst dich wehren.
Aber Zurückschlagen macht alles nur schlimmer.
Ich möchte gerne liebevoll sein und mitfühlend
und dabei selbst nicht zu kurz kommen.
Jesus sagt:

Freuen dürfen sich alle, die von Gott etwas erwarten.
Gott ist für sie da. Auf ihn ist Verlass.

Immer wieder streiten wir uns.
Manchmal bin auch ich schuld daran.
Es fällt mir schwer, mich mit denen wieder zu vertragen,
die mir weh getan haben.
Jesus sagt:

Freuen dürfen sich alle, die von Gott etwas erwarten.
Gott ist für sie da. Auf ihn ist Verlass.

Manchmal träume ich von einer besseren, schöneren Welt.
In ihr teilen die Reichen mit den Armen
und helfen die Starken den Schwachen.
Was kann ich tun, damit meine Träume wahr werden?
Jesus sagt:

Freuen dürfen sich alle, die von Gott etwas erwarten.
Gott ist für sie da. Auf ihn ist Verlass.

Das hast du gut gemacht, Gott (Schöpfungspsalm)

31*

Herr, wie sind deine Werke so groß und viel!
Du hast sie alle weise geordnet,
und die Erde ist voll deiner Güter.

Gut, dass es nicht dunkel ist auf der Welt.
Wir können sehen: viele Formen, bunte Farben.
Guter Gott, das hast du gut gemacht.

Gut, dass es die feste Erde gibt und die leichte Luft.
Wir haben Boden unter den Füßen
und der Wind bläst uns ins Gesicht.
Guter Gott, das hast du gut gemacht.

Herr, wie sind deine Werke so groß und viel!
Du hast sie alle weise geordnet,
und die Erde ist voll deiner Güter.

Gut, dass es Wasser gibt, Regen und Flüsse und das Meer.
Überall wächst das Grün aus der Erde:
Gräser, Blumen, Büsche und Bäume.
Guter Gott, das hast du gut gemacht.

Gut, dass es Tag und Nacht gibt,
Sonne und Mond sich abwechseln.
Wir können wach sein, spielen und arbeiten.
Wir können uns hinlegen, still sein und schlafen.
Guter Gott, das hast du gut gemacht.

Herr, wie sind deine Werke so groß und viel!
Du hast sie alle weise geordnet,
und die Erde ist voll deiner Güter.

Gut, dass es Fische im Wasser gibt und Vögel am Himmel.
Wir können im Wasser schwimmen
und die Vögel bewundern wir bei ihrem Flug.
Guter Gott, das hast du gut gemacht.

Gut, dass wir nicht allein sind auf der Welt.
Es gibt ganz viele Tiere, von der Mücke bis zum Elefant,
vom Affen bis zum Zebra.
Und es gibt die Menschen: Meine Freundinnen und Freunde,
meine Eltern und Geschwister und Markus und Bettina ...
(Hier können die Kinder ihre Namen einsetzen.)
Wir sind miteinander auf der Welt
und können füreinander da sein.
Guter Gott, das hast du gut gemacht.

Herr, wie sind deine Werke so groß und viel!
Du hast sie alle weise geordnet,
und die Erde ist voll deiner Güter.

Himmel, Wasser und Wolken (nach Psalm 104)

Herr, ich will dich loben;
mein Gott, wie bist du so groß!

Das ganze Licht des Tages ist wie dein Mantel
und der Himmel über uns wie ein Zelt, das du spannst.

Herr, ich will dich loben;
mein Gott, wie bist du so groß!

Ich sehe die Wolken ziehen und denke,
es wären deine Wagen.
Manchmal im Gewitter habe ich Angst,
dass du es wärst, der so donnert.

Herr, ich will dich loben;
mein Gott, wie bist du so groß!

Du lässt es regnen, aber der Regen hört auch auf,
so dass wir nicht ertrinken müssen.

Herr, ich will dich loben;
mein Gott, wie bist du so groß!

Du lässt Quellen entspringen und zu Bächen werden.
Sie suchen sich zwischen den Bergen den Weg ins Tal.

Herr, ich will dich loben;
mein Gott, wie bist du so groß!

Du gibst genug Wasser für die Tiere,
die Pflanzen und die Menschen.
Alle können sich satt trinken.

Herr, ich will dich loben;
mein Gott, wie bist du so groß!

33   Der König ist ein Kind (Adventspsalm nach Psalm 24)

Machet die Tore weit und die Türen in der Welt hoch,
dass der König der Ehre einziehe!

    Wer ist der König der Ehre?

    Der König ist ein Kind, das Kind der Maria,
    in Bethlehem geboren, von Josef umsorgt.
    Das Kind heißt Jesus, von Gott geschickt,
    wie er es versprochen hat.

    Er ist der König der Ehre!

Machet die Tore weit und die Türen in der Welt hoch,
dass der König der Ehre einziehe!

    Wer ist der König der Ehre?

    Gottes Glanz geht auf über dem Kind,
    Licht geht von ihm aus, Licht für die Welt.
    Macht euch auf, sucht das Kind, schenkt ihm euer Herz!
    In seinen Augen seht ihr, wie lieb Gott euch hat.

    Er ist der König der Ehre!

Machet die Tore weit und die Türen in der Welt hoch,
dass der König der Ehre einziehe!

    Wer ist der König der Ehre?

    Gott hat ihn gesandt, das neugeborene Kind: Jesus.
    »Gott rettet«, ist sein Name.
    Jesus, da sind wir. Komm in unsere Herzen.

    Du bist der König der Ehre!

Machet die Tore weit und die Türen in der Welt hoch,
dass der König der Ehre einziehe!

Eingangsgebete

Luthers Morgensegen
34

Ein traditionelles und sehr bekanntes Gebet ist Luthers Morgensegen.
Er steht im LJ 711.

In der Frühe des Tages
35

Gott, zu dir rufen wir in der Frühe des Tages.
Hilf uns beten und unsere Gedanken bei dir zu sammeln.

Lob und Dank sei dir für den neuen Tag.
Lob und Dank sei dir für alles Gute,
was du uns schenkst.
Lass uns auch das Schwere aus deiner Hand annehmen.

Gib uns die Kraft deiner Nähe:
Lass uns erkennen, dass du, Jesus Christus,
zu uns gekommen bist aus lauter Liebe.

Schenke uns deinen Geist:
Den Geist des Vertrauens
und der Hoffnung und der Liebe.

Herr, was dieser Tag auch bringt - dein Name sei gelobt!

Guten Morgen
36*

Lieber Vater im Himmel,
wir danken dir, dass du uns in dieser Nacht behütet hast
und uns einen neuen Morgen schenkst.
Du lässt deine Sonne scheinen und wir freuen uns darüber.
Du redest zu uns, weil du uns lieb hast.
Wir wollen auf dich hören und uns über deine Güte freuen.

Gefunden
37

Wo bist du, Gott?
Wir suchen dich.
Aber du hast uns schon gefunden.
Deine Kinder sind wir.
Wir danken dir.

38 So, wie ich bin, komme ich zu dir

Einer: So, wie ich bin, kom - me ich zu dir,———
Alle: So, wie wir sind, kom - men wir zu dir,———

so, wie ich bin, kom - me ich zu dir.———
so, wie wir sind, kom - men wir zu dir.———

Rechte: Rheinischer Verband für Kindergottesdienst (Hg.), Kindergottesdienst-Agende »Lob sei dir.
Sich freuen und traurig sein«, Seite 34, Saarbrücken 1983.

Gott, du kennst mich mit Namen,
du rufst mich.
Eingetaucht bin ich in deine Liebe.

So, wie ich bin, komme ich zu dir.
So, wie wir sind, kommen wir zu dir.

Jesus Christus, du bist bei mir alle Tage.
Deinen Namen trage ich seit meiner Taufe.
Nach deinen Worten will ich leben.

So, wie ich bin, komme ich zu dir.
So, wie wir sind, kommen wir zu dir.

Heiliger Geist, du bist das Licht auf meinem Weg.
Du stiftest Frieden und verbindest uns zu deiner Gemeinde.
Gott ich danke dir.

So, wie ich bin, komme ich zu dir.
So, wie wir sind, kommen wir zu dir.

Ein kleines Fest

Vater,
wir sehen die Blumen, die du hast wachsen lassen.
Wir sehen das Licht, das du geschaffen hast.
Von dir hören wir.
Für dich singen wir unsere Lieder.
Mach diesen Gottesdienst zu einem kleinen Fest.

Mit dir reden

Gott, mit dir kann ich reden.
Du hörst mich, du verstehst mich.
Du verstehst alle Sprachen der Welt.
Alle Menschen dürfen mit dir reden.
Danke lieber Gott.

Traurig

Lieber Gott,
ich kann nicht immer fröhlich sein.
Manchmal stehe ich auf und mache ein griesgrämiges Gesicht.
Manchmal habe ich Angst.
Oder ich verstehe etwas nicht und kann es niemandem sagen.
Oder ich merke, dass ich krank werde, hoffentlich nichts Schlimmes.
Manchmal weiß ich gar nicht, was mit mir los ist.
Darf ich auch schlecht gelaunt oder traurig zu dir kommen?
Ich glaube schon.
Du nimmst mich an, wie ich bin.
Das glaube ich und das ist gut.

Nach diesem Gebet können wir singen: »So, wie ich bin, komme ich zu dir« (Nr. 38)

42 **Er ist freundlich, er ist gut!** (Ein gesungenes Eingangsgebet)

Text (verändert): Gottfried Mohr; im Original von Theo Schmid; Melodie: Erich Gruber.
© Strube Verlag, München-Berlin

Die Gedanken, warum wir fröhlich singen und Gott loben, werden spontan erfunden und zugerufen.
Beispiele:
..., weil heut die Sonne scheint.
..., weil wir so fröhlich sind.
..., weil Gott uns alle liebt.
..., weil heute Sonntag ist.
..., weil .... Geburtstag hat.

Unsichtbarer Gott

43*

Herr, unser Gott, wir können dich nicht sehen.
Trotzdem bist du da.
Du bist da am Morgen und am Abend.
Du bist da, wenn das Leben schön ist, und wenn es uns schlecht geht.
Du bist da, wenn uns jemand zeigt: Ich habe dich lieb.
Du bist da, wenn uns jemand sagt: Ich lass dich nicht allein.
Danke, du freundlicher Gott,
dass du da bist, auch wenn wir dich nicht sehen.

Wir hören, sehen und staunen

Verkündigung
Kreative Gestaltung
Bekenntnis
Feier

Bekenntnis

44 **Das apostolische Glaubensbekenntnis**
Vergleiche LJ 704

45* **Wir glauben**

Wir glauben an Gott,
der die Welt in seiner Hand hält.

Wir glauben an Jesus,
der als Kind geboren wurde.
Wir glauben an Jesus,
der am Kreuz gestorben ist.
Wir glauben, dass Jesus auferstanden ist,
dass er bei uns ist, obwohl wir ihn nicht sehen.
Wir glauben, dass wir Jesus einmal wiedersehen
und das Leben friedlicher wird.

Wir glauben an den Heiligen Geist,
der uns Rückenwind gibt.
Wir können uns gegenseitig
den Rücken stärken
und aufrecht durch das Leben gehen.

Gottes zärtliche Berührung

Ich glaube an Gott,
der dich und mich gemacht hat,
die Welt und alles, was darin ist.
Der das All gemacht hat.
Er ist immerdar.
Bei ihm fühl ich mich wohl und geborgen.

Ich glaube an Jesus Christus,
unseren Freund und Bruder.
Mensch, wie wir Menschen.
Der für Liebe und Güte
gekreuzigt wurde aus Angst und Hass.
Der wieder aufstand vom Tode.
Ein Aufstand für die Hoffnung.
Ein Aufstand für das Leben.

Ich glaube an den Heiligen Geist,
Gottes zärtliche Berührung,
die uns verbindet.
Manchmal ist er wie ein kräftiger Hauch,
er lässt mich sehen was andere brauchen.
Oder auch wie eine starke Brise,
die mir einen Ruck gibt
und Mut zum ersten Schritt.

47 Dir gehört unser Leben

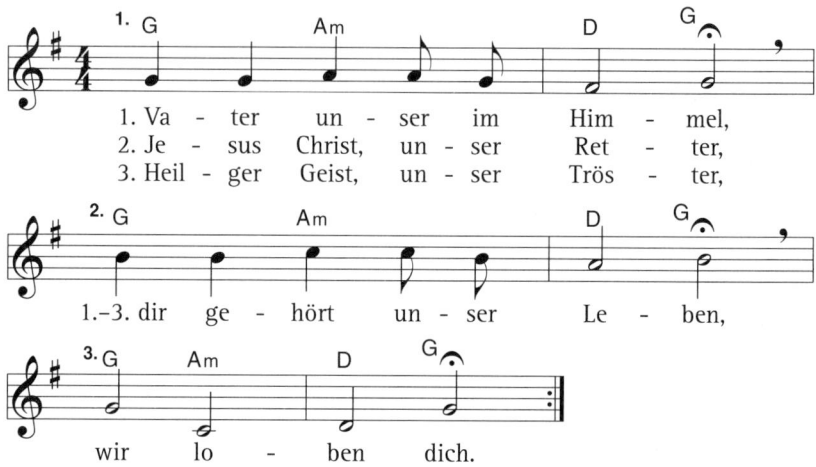

1. Va - ter un - ser im Him - mel,
2. Je - sus Christ, un - ser Ret - ter,
3. Heil - ger Geist, un - ser Trös - ter,

1.–3. dir ge - hört un - ser Le - ben,

wir lo - ben dich.

Originaltitel: Father we adore you. Text & Melodie: Terry Coelho. Deutsch: Gerhard Röckle.
© 1972 Maranatha! Music. Rechte für D, A, CH: CopyCare Deutschland, 71087 Holzgerlingen. Used by permission.

Dieses Bekenntnislied kann man mit einfachen Bewegungen gestalten:

Wir stehen im Kreis:

Text:	Bewegungen:
Vater unser im Himmel,	*Wir gehen mit vier Schritten zur Kreismitte und heben dabei langsam beide Arme.*
dir gehört unser Leben,	*Wir gehen mit vier Schritten rückwärts zurück und senken dabei langsam beide Arme.*
wir danken dir.	*Wir drehen uns mit ausgestreckter Hand um die eigene Achse.*

Bei größeren Gruppen können wir das Lied im Kanon singen und die Bewegungen im Kanon gestalten. Wir stehen im Kreis und teilen die drei Gruppen durch Abzählen auf drei ein.

48 Jahreslosung

In manchen Gemeinden wird die Jahreslosung in jedem Kindergottesdienst gemeinsam gesprochen oder als Kanon gesungen. Im Gebetbuch Dbd finden sich jeweils eine Grafik zur Jahreslosung und Gebetstexte.

Opfer

Das Opfer wird im Kindergottesdienst aus praktischen Gründen im Anfangsteil eingesammelt. Das Geben ist eine Antwort auf Gottes Zuwendung und ein Zeichen für gelebte Nächstenliebe. Deshalb sollten die Kinder immer wieder erfahren, für welchen Zweck das Opfer eingesammelt wird.

Während die Opferbüchse oder der Opferkorb im Stuhlkreis herumgegeben wird, kann ein Opferlied gesungen werden:

Opferlieder

49

Danket dem Herrn! (EG 333 / LJ 192)
Danket, danket dem Herrn (EG 336 / LJ 195 / MKL 4)
Lasset uns singen (EG 449,3 / LJ 261,3)
Wenn jeder gibt, was er hat (LJ 626, v.a. Strophe 3)

Danket dem Herrn

50

Wenn die Opferbüchse wieder am Altar/Tisch angekommen ist, sprechen die Kinder einen *Psalmvers* im Wechsel:

Liturg: Danket dem Herrn, denn er ist freundlich,
Alle: und seine Güte währet ewiglich. Amen.

Gestaltungsvorschlag für eine Abendmahlsfeier

51 ### Vorbemerkung

Immer häufiger wird das Abendmahl mit Kindern gefeiert. Die verschiedenen Landeskirchen haben unterschiedliche Ordnungen.
In der württembergischen Landeskirche formuliert die neu überarbeitete Abendmahlsordnung: »Auch Kinder sind zum Abendmahl eingeladen...«.
Für die Leitung der Abendmahlsfeier bedarf es je nach Landeskirchlicher Regelung einer Beauftragung, die vor allem den Pfarrerinnen und Pfarrern aber auch anderen kirchlichen Mitarbeiterinnen und Mitarbeitern gegeben ist.

52* ### Einleitung

Gott gibt uns zu essen.
Gott will, dass wir leben,
deshalb schenkt er uns, was wir brauchen.
Gott lässt uns nicht allein.
Jesus ist unser Bruder geworden.

Er hat uns versprochen:
Wenn ihr in meinem Namen zusammenkommt
und miteinander esst und trinkt,
dann will ich bei euch sein.

Gott lädt uns ein an seinen Tisch.
Wir essen jetzt nur wenig.
Ein kleines Stück Brot und einen kleinen Schluck Traubensaft.
Aber das Brot und der Saft sind mehr.
Sie zeigen uns, dass Jesus uns froh machen will
und uns Kraft geben will.

53* ### Gebet

Jesus, du bist bei uns. Darüber freuen wir uns.
Wenn du bei uns bist, tut es uns gut.
Deshalb bitten wir dich:
Nimm uns so an wie wir sind,
mit unseren großen und kleinen Fehlern und Schwächen.
Nimm alles weg, was zwischen uns steht:
an Ärger, Streit, Gedankenlosigkeit und Bosheit.
Mach uns bereit, dir zu begegnen.

Einsetzungsworte

54*

Der Herr Jesus, in der Nacht, da er verraten ward und mit seinen Jüngern
zu Tische saß nahm das Brot, sagte Dank und brach's, gab's seinen Jüngern
und sprach: Das tut zu meinem Gedächtnis.
Desgleichen nach dem Mahl nahm er den Kelch, sagte Dank, gab ihnen den
und sprach: Trinket alle daraus; das ist mein Blut des Neuen Bundes, das
für euch und für viele vergossen wird zur Vergebung der Sünden. Das tut
zu meinem Gedächtnis.

Oder:

Die Einsetzungsworte erzählt

55

Wenn wir miteinander Abendmahl feiern, erinnern wir uns an Jesus, wie er
Abendmahl feierte:
Jesus kam mit seinen Jüngern nach Jerusalem zum Passahfest. Er wollte
mit ihnen das große Fest der Befreiung feiern. Alle waren beisammen und
dachten daran, wie Gott sein Volk aus der Sklaverei in Ägypten gerettet
und wunderbar in das versprochene Land geführt hat.

Jesus sagte zu seinen Jüngern: »Ich habe mich sehr danach gesehnt, mit
euch dieses Fest zu feiern, denn ich muss von euch Abschied nehmen.«
Dann nahm Jesus das Brot, sagte Dank und brach's, gab's seinen Jüngern
und sprach: »Nehmet hin und esset; das ist mein Leib, der für euch gegeben
wird.«
Die Jünger aßen miteinander. Es waren alle dabei, auch Judas, der Jesus
verraten wird, und Petrus, der ihn verleugnet. Keinen hat Jesus ausge-
schlossen.
Nach dem Mahl nahm er den Kelch mit dem Wein, dankte und gab ihn seinen Jüngern und sprach: »Trinket alle daraus; das ist mein Blut des Neuen
Bundes, das für euch und für viele vergossen wird zur Vergebung der Sünden.«
Immer, wenn wir Abendmahl feiern, denken wir an das, was Jesus gesagt
und getan hat, bis er kommt. So hat er es gewollt.

56* ## Tischgebet

Guter Gott, danke, dass du uns alle liebst:
Alle Menschen auf der ganzen Welt.
Wie das Brot aus vielen Körnern gebacken ist und ein Brot geworden,
so führst du uns zusammen, so verschieden wir sind.
So wie der Saft aus vielen Trauben gepresst ist,
so bringst du uns zusammen an deinen Tisch.
Danke, guter Gott.
Alle guten Gaben,
alles, was wir haben,
kommt, o Gott, von dir:
Dank sei dir dafür.

57 ## Austeilung

Wenn wir jetzt Brot essen,
dann wollen wir dabei erfahren, wie wir zusammengehören.
Deshalb teilen wir das Brot miteinander und geben uns zu essen.
Wenn du jetzt das Brot von deiner Nachbarin oder deinem Nachbarn
bekommst, dann brichst du ein Stück ab und gibst dieses Brotstück
ihr oder ihm zurück.
Dann gibst du das ganze Brot (oder den Brotkorb) weiter.
Du bekommst dein Brotstück von dem Nachbarn, von der Nachbarin,
an die du das ganze Brot (den Brotkorb) weitergegeben hast.
Du gibst weiter – und bekommst zurück.

Nehmt und teilt das Brot.
Jesus ist bei uns.

Wenn wir jetzt den Saft trinken,
wollen wir dabei erfahren, wie wir füreinander sorgen.
Wir nehmen uns jede und jeder einen kleinen Becher.
Wenn du den Kelch bekommst von deinem Nachbarn oder deiner Nachba-
rin, dann gieß ihr einen Schluck Traubensaft in ihren Becher.
Dann gibst du den Kelch weiter –
und dein Nachbar, deine Nachbarin wird dir einen Schluck in deinen
Becher gießen.

Nehmt den Kelch,
gebt euch zu trinken und trinkt:
Jesus ist uns ganz nah.

Lied

58

Christus ist unser Friede

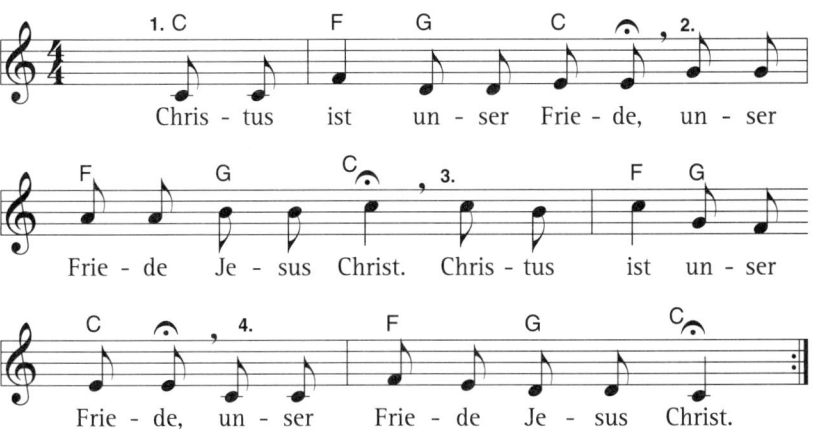

Chris - tus ist un - ser Frie - de, un - ser

Frie - de Je - sus Christ. Chris - tus ist un - ser

Frie - de, un - ser Frie - de Je - sus Christ.

Text und Melodie: Harald Beck. Rechte beim Autor.

Gebet

59

Lobe den Herrn, meine Seele,
    und was in mir ist, seinen heiligen Namen!
Lobe den Herrn, meine Seele,
    und vergiss nicht, was er dir Gutes getan hat:
der dir alle deine Sünde vergibt
    und heilet alle deine Gebrechen,
der dein Leben vom Verderben erlöst,
    der dich krönet mit Gnade und Barmherzigkeit.

Wir freuen uns am Essen und Trinken, weil es uns so gut schmeckt.
Du gibst uns Kraft. Du machst uns satt.

Wir freuen uns an unserem Leben.
Wir sind fröhlich und lachen gerne.
Wir bitten für unsere Gemeinschaft.
Schenk uns Freundinnen und Freunde,
und mach uns zu guten Freundinnen und Freunden.
Lass uns verstehen, dass alle Menschen deine Kinder sind.

Wir danken dir, dass du bei uns bist und für uns da bist.
Du weißt einen guten Weg für unser Leben.
Du gehst ihn voraus und gehst ihn mit.
Du stellst uns andere Menschen zur Seite.
Wir sind nicht allein und können alles Gute teilen.

Vaterunser

Tauferinnerung

Die Tauferinnerung ist für Kinder, Jugendliche und Erwachsene eine Gelegenheit, über das Ja Gottes zu unserem Leben nachzudenken und das Geschenk des Lebens zu feiern.

Licht der Welt
60

Das Symbol der Tauferinnerung ist eine Kerze. Jedes Kind bekommt eine Tauferinnerungskerze. Sie kann im Kindergottesdienst selbst gestaltet werden.

Jesus, du Licht der Welt,
leuchte in unser Leben hinein.
Mach unser Leben hell und fröhlich
und zeige uns die richtigen Wege, auf denen wir gehen können.
Schon eine kleine Flamme bringt ins Dunkle Licht.
Viele Menschen leben im Dunkel
von Trauer, Armut, Krankheit, Streit und Verzweiflung.
Leuchte mit deinem Licht in ihr Leben
und lass sie deine Liebe und Wärme spüren.

(Die Kinder zünden ihre Kerzen an der Osterkerze oder an den Altarkerzen an.)

»Ein Licht geht uns auf« (LJ 344)

(Nach dem Lied wird allen der Segen zugesprochen:)
Gott, der dir das Leben geschenkt hat,
beschütze dich vor allem Bösen.
Jesus, dein guter Freund, begleite dich auf allen deinen Wegen.
Der Heilige Geist schenke dir den Mut,
dein Leben in Gottes Hand zu legen.

Von Geburt an bis jetzt
61

Du, Gott, hast unseren Weg begleitet
von unserer Geburt bis jetzt.
Wir danken dir.

Ganz klein sind wir auf die Welt gekommen.
Als Baby haben wir viel geschlafen
und geschrien, wenn wir Hunger hatten.
Aus dem Kinderwagen haben wir das erste Mal
die Sonne gesehen.

Du, Gott, hast unseren Weg begleitet
von unserer Geburt bis jetzt.
Wir danken dir.

Wir haben gelernt, das Gesicht der Eltern zu unterscheiden
von anderen Gesichtern.
Immer wieder haben sie uns freundlich angelacht.
Eines Tages haben wir ihr Lächeln erwidert.

Du, Gott, hast unseren Weg begleitet
von unserer Geburt bis jetzt.
Wir danken dir.

Wir haben gelernt, mit dem Löffel zu essen
und uns umzudrehen vom Bauch auf den Rücken.
Wir haben uns hochgezogen an den Stäben des Gitterbettes
und dann standen wir auf unseren eigenen Beinen.

Du, Gott, hast unseren Weg begleitet
von unserer Geburt bis jetzt.
Wir danken dir.

Wir haben laufen gelernt,
erst an der Hand, dann ganz allein.
Wir können schnell rennen und auf einem Bein hüpfen.
Schritt für Schritt entdecken wir Neues um uns herum.

Du, Gott, hast unseren Weg begleitet
von unserer Geburt bis jetzt.
Wir danken dir.

Wir haben sprechen gelernt.
Alles um uns herum hat seinen Namen.
Wir können verstehen, was andere sagen,
in Worte fassen, wie es uns ums Herz ist.

Du, Gott, hast unseren Weg begleitet
von unserer Geburt bis jetzt.
Wir danken dir.

Ein gemeinsames Frühstück

Zeitpunkt

Der Ostermorgen, der erste Sonntag nach den Schulferien, der vierte Advent oder ein ganz normaler Sonntag sind Gelegenheiten, ein Kinderkirch-Frühstück zu feiern. Schön ist es, wenn das Kinderkirchfrühstück sich in regelmäßigen Abständen wiederholt.

Organisation

Für das Kinderkirchfrühstück ist ein genauer Organisationsplan hilfreich:
Was muss besorgt werden?
In welchen Mengen?
Was ist vorzubereiten?
Wer tut was?
Wenn man diesen Organisationsplan schriftlich festlegt, hat man es beim nächsten Kinderkirchfrühstück leicht. Wichtig ist auch, nach dem Frühstück festzuhalten, wie viel Lebensmittel übrig geblieben sind, um beim nächsten Mal die Mengen besser kalkulieren zu können.

Tischschmuck

Ein schön geschmückter Tisch fasziniert die Kinder. Der Tischschmuck kann auch von den Kindern am Sonntag davor selbst gebastelt sein. Eine Papier- oder Stofftischdecke kann man mit den Kindern etwa mit Stempeltechnik selber gestalten.

Liturgie

Der Kindergottesdienst beginnt mit der gewohnten Eingangsliturgie. Wenn möglich, findet das Frühstück dann in einem anderen Raum statt. Das Essen wird mit Tischgebet oder Tischkanon begonnen und mit Dankgebet oder -kanon gemeinsam beendet.

62 | **Kanon / Singspruch zu Beginn**

Alle guten Gaben (EG 463 / LJ 269)
Komm, Herr Jesu, sei du unser Gast (EG 465 / LJ 271)
Segne, Herr, was deine Hand (EG 466 / LJ 272)
Gott, weil er groß ist (EG 411 / LJ 229)

63 | **Gottes Gabe für dich**

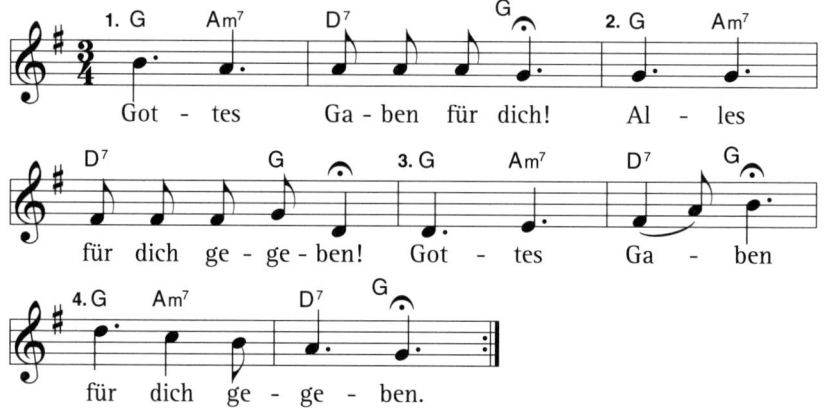

Got - tes Ga - ben für dich! Al - les
für dich ge - ge - ben! Got - tes Ga - ben
für dich ge - ge - ben.

Text und Melodie: Harald Beck. Rechte beim Autor.

Das Frühstück steht auf dem Tisch

64

Herr, ich werfe meine Freude wie Vögel an den Himmel;
die Nacht ist verflattert.
Ein neuer Tag von deiner Liebe. Herr, wir danken dir.

In den letzten Tagen haben wir vieles erlebt.
Diese Geschichten bringen wir mit.
Wir sind gespannt, was wir heute von dir hören, Gott.
Du hast deine Geschichte für uns mitgebracht.

Wir bringen nicht nur Freude mit;
wir haben auch Schlimmes erlebt.
Es ist gut, dass wir dir alles erzählen können.
Darüber sind wir froh.

Herr, ich werfe meine Freude wie Vögel an den Himmel;
die Nacht ist verflattert.
Ein neuer Tag von deiner Liebe. Herr, wir danken dir.

Das Frühstück steht auf dem Tisch.
So viel Gutes gibst du uns zu essen, Gott.
Wir haben großen Hunger und freuen uns aufs Essen.

Viele Kinder haben heute kein so gutes leckeres Frühstück.
Wir wünschen uns,
dass einmal alle Kinder auf der Welt satt werden.
Dabei möchten wir gerne helfen.
Dann werden sich alle Kinder freuen.

Herr, ich werfe meine Freude wie Vögel an den Himmel;
die Nacht ist verflattert.
Ein neuer Tag von deiner Liebe. Herr, wir danken dir.

Den Kehrvers kann man auch als Kanon singen (LJ 554).

71

65 **Kanon zum Abschluss**

Ich will den Herrn loben (EG 335 / LJ 194)
Danket, danket dem Herrn (EG 336 / LJ 195 / MKL 3)
Lobet und preiset, ihr Völker den Herrn (EG 337 / LJ 196)

66 **Du sorgst für uns**

Guter Gott, du sorgst für uns,
wie du für die Vögel unter dem Himmel sorgst
und für die Lilien auf dem Felde.
Dafür danken wir dir.
Danke, dass wir uns satt essen können.
Danke, dass wir zu trinken haben, jeden Tag.
Danke für die Luft, die wir einatmen.
Danke, dass wir etwas zum Anziehen haben.
Danke für die Menschen, die uns lieb haben.
Wir danken dir, Gott, für unser Leben.
Wir danken dir, dass du für uns sorgst.

Wir feiern Geburtstag

Geburtstagsgebet

67*

Viel Glück und viel Segen auf all deinen Wegen,
Gesundheit und Freude sei auch mit dabei.

Wir wünschen dir:

Zwei Augen, die die Welt in ihrer Schönheit sehn,
doch an des nächsten Not nicht blind vorübergehn.

Den Mund, der stets zu sagen weiß ein freundlich' Wort
und, wenn es sein soll, schweigen kann am rechten Ort.

Zwei Füße, deren Schritt den guten Weg dich führt,
sich nicht im Dunkel und der Einsamkeit verliert.

Ein Herz, das sich an Gottes treue Liebe hält
und ihm gehört in dieser und in jener Welt.

Viel Glück und viel Segen auf all deinen Wegen,
Gesundheit und Freude sei auch mit dabei.

(Wenn im Kindergottesdienst Geburtstage gefeiert werden, kann dieses Gebet an die Stelle des Psalmgebetes treten.)

Gott, wir dürfen dir alles sagen

....

*Schlussgebete
und Fürbitten*

»Danke« – »Bitte«

68 ### Ein Segen sein

Gott,
wir können anderen helfen und beistehen.
Das ist schön.
Lass uns entdecken, wo wir gebraucht werden,
Gib uns den Mut, denen beizustehen,
über die andere herfallen.
Hilf uns, Fremden entgegenzukommen,
damit sie sich bei uns wohl fühlen.
Wenn wir selbst in Schwierigkeiten sind,
schenke uns einen Menschen, der unsere Not merkt
und für uns tut, was er kann.
Gott, dein Segen soll unter uns sein.

69* ### Ein Brief für Gott

Lieber Gott, ich schreibe für dich einen Brief,
ich male für dich ein Bild, ich singe dir ein Lied,
ich träume eine Geschichte für dich.
Lies! Schau! Höre! Fühle!
Beschütze alles, was ich kenne und liebe.
Sei bei meinen Freunden und Verwandten.
Sei mit deinem Segen in allen Häusern, wo sie leben.
Und da, wo eine oder einer allein ist,
da sei ganz besonders nahe.
Ist es so, guter Gott?
Ich will dir vertrauen!
Ja, es sei so!

Gott wohnt bei uns

70

Gott, du kannst überall sein:
im Himmel und auf der Erde,
irgendwo im Weltall oder ganz nahe bei uns.
Du hast vor langer Zeit dem Volk Israel versprochen,
immer in seiner Mitte zu wohnen.
Wenn die Menschen das nicht vergessen,
dann wird es ihnen gut gehen.
Für das Zusammenleben hast du ihnen gute Regeln gegeben.
Die gelten auch für uns heute.
Deshalb bitten wir dich: Lass uns so miteinander leben,
dass es allen gut geht.
Lass uns nicht vergessen,
dass du mitten unter uns bist
und wir dir in jedem anderen Menschen begegnen können.

Freude über Gottes Spuren

71

Gott, deine Spuren sind unter uns.
Menschen helfen einander und teilen.
Fremde gehen aufeinander zu,
Feinde reichen einander die Hände.
Wir freuen uns darüber und sehnen uns nach mehr.
Schaffe Recht, wo Gewalt und Unrecht herrschen.
Schenke Möglichkeiten zum Leben,
wo Menschen Hunger leiden und keine Arbeit finden.
Hilf uns, auf dich zu hoffen,
auch wenn unsere Wünsche nicht erfüllt werden.
Für dich sind nie und nimmer alle Wege zum Guten versperrt.

72 **Der Herr ist freundlich**

Danket, danket dem Herrn, denn er ist so freundlich,
seine Güt und Wahrheit währet ewiglich.

Gott,
du hast das Volk Israel bewahrt in der Angst
und herausgeführt aus der Knechtschaft in Ägypten.
Du hast sie in der Wüste versorgt.
Als Zeichen deiner Treue hast du ihnen die Gebote gegeben.
Heimat und Land war dein Geschenk an sie.
Sie wollen deine Liebe und Treue nicht vergessen.
Darum singen (sprechen) sie:

Danket, danket dem Herrn, denn er ist so freundlich,
seine Güt und Wahrheit währet ewiglich.

Gott,
du begleitest uns auf unseren Lebenswegen.
Es geht uns gut.
Wir haben alles, was wir brauchen:
Wohnung, Kleidung, Essen, Eltern, Freunde und liebe Verwandte.
Alles ist ein Zeichen, dass du es gut mit uns meinst.
Darum singen (sprechen) wir:

Danket, danket dem Herrn, denn er ist so freundlich,
seine Güt und Wahrheit währet ewiglich.

Melodie für den Kehrvers: »Danket, danket dem Herrn« (EG 336 / LJ 195 / MKL 3)

73 **Mut**

Ich brauche Mut, das Leben zu bestehn,
Mut, die Not des anderen zu sehn.
Mut zum Helfen, Mut zum Leben.
Du, Gott, kannst diesen Mut mir geben.

Freunde

Gott, du bist wie ein guter Freund.
Du hörst mir zu, wenn ich rede.
Du schenkst mir Zutrauen, wenn ich verzagt bin.
Du zeigst mir deine Liebe, wenn ich Schutz und Fürsorge brauche.
Gute Freunde sind ein Geschenk.
Dir danke ich für meinen beste Freundin, meinen besten Freund.
Dass die Freundschaft nicht aufhört, darum bitte ich dich.
Dass ich immer wieder Ideen für die Freundschaft habe.
Dass ich dich als meinen Freund habe, dafür danke ich dir.

Beten mit Bildkartei

Auf den beiden nächsten Seiten finden Sie 35 einfache Bilder, die Assoziationen wecken können. Es sind Bilder aus dem Lebenskreis von Kindern. Die Bilder stellen offene Situationen dar. Sie sind nicht auf einmaliges Geschehen festgelegt. Die Bilder sollen Kinder zum Erzählen anregen.

Das Beten mit Bildern wird vielleicht beim ersten Kindergottesdienst noch nicht recht funktionieren. Die Kinder müssen sich in diese Form erst eingewöhnen. Deshalb ist es sinnvoll, diese Gebetsform häufiger zu wiederholen. Es ist interessant, wie dasselbe Bild an verschiedenen Tagen für die Kinder verschiedene Bedeutung annehmen kann. Die Bilder sollen dazu helfen, dass Kinder für ihre persönlichen Anliegen im Gebet Worte finden können.

Zuerst werden die Bilder auf dem Fotokopiergerät vergrößert und mehrfach kopiert. Sie sollten mindestens doppelt so groß werden. Jedes Bild sollte zweimal vorhanden sein. Die Bilder sollten auf leichten Karton kopiert oder aufgeklebt werden. Dann werden die Karten ausgeschnitten.

Am besten ist es, wenn die Kinder im Kreis um einen niedrigen Altar sitzen oder ein Tuch in der Mitte liegt. Dann werden die Bildkarten in die Mitte gelegt. Die Kinder suchen sich unter einer bestimmten Fragestellung ein Bild aus und nehmen es in die Hand. Die Kinder dürfen, wenn sie wollen, sagen, was sie sich gedacht haben und dann das Bild wieder in die Mitte legen. Sie dürfen auch ohne Kommentar ihr Bild auf den Altar legen.

Bildkartei

Zeichnungen: Sabine Böttcher/Arlette Zügel

Fragestellungen und Formulierungen

Dankgebet

Ihr seht die Bilder hier in der Mitte.
Vielleicht drückt eines der Bilder aus, worüber du dich heute Morgen besonders freust. Oder es erinnert dich an etwas, wofür du heute Morgen Gott danke sagen willst.
Wenn du willst, darfst du gleich laut sagen, was dir eingefallen ist.
Du kannst Gott auch in der Stille sagen, was dir wichtig ist.
Nach zwei oder drei Gedanken singen wir gemeinsam:
»Gott, deine Taten wecken Freude und Jubel« (LJ 381 / MKL 10)

Guter Gott, wir danken dir
und wollen dir sagen, was uns froh macht:
... ...
»Gott, deine Taten wecken Freude und Jubel«

Bittgebet

Wir wollen Gott, sagen, was wir uns von Herzen wünschen.
Eines der Bilder erinnert dich vielleicht daran und zeigt, worum du Gott bitten möchtest.
Suche dir ein Bild aus und nimm es in die Hand.
Wenn du willst, darfst du gleich laut sagen, was dir eingefallen ist.
Das Bild lege dann bitte auf den Altar.
Du kannst es Gott auch in der Stille sagen.
Nach zwei oder drei Gedanken singen wir gemeinsam:
»Du, Gott, stützt mich« (LJ 501).

Fürbitte

Wir denken heute an Menschen, die uns lieb und wichtig sind.
Wir beten für sie und erbitten für sie von Gott, was sie brauchen.
Eines der Bilder erinnert dich vielleicht an diesen Menschen und an das, was er braucht.
Such dir ein Bild aus und nimm es in die Hand.
Wer will, kann den Wunsch gerne laut sagen und das Bild auf den Altar legen.
Du kannst deine Bitte Gott auch in der Stille sagen.
Nach zwei oder drei Bitten singen wir:
»Gib uns Ohren« (LJ 534 / KG 195).

(In ähnlicher Weise kann im Gebet zu Wort kommen, wovor wir Angst haben, was uns traurig macht, wofür wir Gott loben wollen, was wir uns für diesen Tag erbitten.)

Abschluss

Auch die Kinder, die nichts laut sagen wollen, sollen das Gefühl bekommen, dass ihr stilles Gebet genauso wichtig ist. Dies kann durch folgende Formulierung deutlich werden:

Alle Bilder, die wir jetzt noch in der Hand halten, legen wir in der Stille auf den Altar. Gott hört, was wir ihm in Gedanken anvertrauen.
Wir singen: ...

Wir beten für die Welt um uns herum

Wie geht es mir?

76

Was mich traurig macht

Bei diesem Gebet stehen oder sitzen alle im Kreis um ein großes Tuch herum, oder im Halbkreis um den Altar. In der Mitte steht eine größere Kerze, vielleicht die Osterkerze. Zwei Körbe stehen bereit, der eine mit Steinen, der andere mit Teelichtern.

Guter Gott, mit dem, was uns traurig macht,
dürfen wir zu dir kommen. Du hörst uns.
Gott, es gibt Dinge, die liegen schwer auf uns,
schwer wie ein Stein.
Wir bitten dich, hilf uns.

Wir geben den Kindern Gelegenheit, ihre Klagen und Bitten selbst vorzubringen. Eine Mitarbeiterin oder ein Mitarbeiter beginnt, nimmt einen Stein aus einem bereitstehenden Korb in die Hand und sagt:

»Gott, mir liegt schwer auf dem Herzen ...«

Die Kinder schließen sich mit ihren Klagen und Bitten an.
(Er/sie nennt eine erste Klage und legt den Stein auf das Tuch.)
Nach zwei bis drei Klagen singen alle:
»Herr, erbarme dich« (EG 178.11 / LJ 121 / MKL 14).

Wenn es eine Gruppe nicht gewohnt ist, Bitten laut zu sagen, kann diese Gebetsform auch in der Stille vollzogen werden. Die Einführung könnte dann etwa so gestaltet werden:

Gott, es gibt Dinge, die liegen schwer auf uns, schwer wie ein Stein.
Wir trauen uns nicht, sie laut zu sagen.
Aber du hörst uns auch, wenn wir in der Stille zu dir beten:

> Eine Mitarbeiterin oder ein Mitarbeiter legt schweigend einen Stein ab
> und alle singen:

»Herr, erbarme dich«.

> Wir warten, ob es Kinder nachtun wollen oder geben kurz Raum für Stille und
> singen noch einmal:

»Herr, erbarme dich«.

Gott, wir haben dir die schweren Steine hingelegt
und dir unseren Kummer gesagt.
Danke, dass du uns hörst.
Wir bitten dich für alle Kinder, die mit ihrem Kummer allein sind.
Schicke ihnen jemand, der sie tröstet.

Was mich fröhlich macht

Guter Gott, mit dem, was uns fröhlich macht,
dürfen wir zu dir kommen. Du hörst uns.
Gott, es gibt Dinge, die machen unser Leben hell
wie das Licht der Kerze.
Wir danken dir, guter Gott.

> Eine Mitarbeiterin oder ein Mitarbeiter beginnt, nimmt ein Teelicht aus einem
> bereitstehenden Korb, zündet es an der Osterkerze an und sagt:

»Gott, ich freue mich darüber ...«

> Die Kinder schließen sich mit ihrem Dank an.
> Nach zwei bis drei Lobgedanken singen alle:

»Hallelu-, Hallelu-« (LJ 389 / MKL 49 / KG 193)

> Natürlich kann auch nur der erste oder der zweite Teil dieser Liturgie gebetet
> werden.

Was wir zum Leben brauchen

Guter Gott,
du willst für uns sorgen an jedem Tag.
Wir können deine Liebe erfahren.
Darum rufen wir zu dir und bitten für unser Leben:

Wir bitten dich, erhöre uns.

Gib unseren Eltern und allen Erwachsenen,
die für uns da sind,
Freude und Kraft für ihre Arbeit.

Wir bitten dich, erhöre uns.

Sende Regen und Sonne, Wärme und Kühle auf die Erde,
damit auf den Feldern etwas wachsen kann.

Wir bitten dich, erhöre uns.

Lass uns sorgsam mit Luft und Wasser umgehen,
mit der Erde und ihren Rohstoffen
und mit allem, was wir zum Leben brauchen.

Wir bitten dich, erhöre uns.

(Die einzelnen Bitten können auf Kärtchen geschrieben und von Kindern vorgelesen werden.)

78 Viele Menschen sind für uns da

Wir leben mit vielen Menschen zusammen.
Viele Menschen sind für uns da.

Wir denken an die Bauern, Bäcker, Metzger und Gärtner:
Sie stellen her, was wir zum Essen brauchen.
Wir denken an die Arbeiterinnen und Arbeiter in den Fabriken,
Sie stellen her, was wir zum Leben brauchen.
Wir denken an die Handwerker.
Sie bauen Häuser und richten sie ein.

Gott hält die ganze Welt in seiner Hand.

Wir denken an die Busfahrerinnen und Busfahrer,
die Müllleute und die Leute in den Kraftwerken.
Sie versorgen uns mit ihrer Arbeit.
Wir denken an die Leute beim Fernsehen, beim Radio
und bei der Zeitung.
Sie informieren und unterhalten uns.
Wir denken an die Verkäuferinnen und Verkäufer.
Bei ihnen können wir einkaufen.

Gott hält die ganze Welt in seiner Hand.

Wir denken an die Krankenschwestern und Pfleger,
die Ärztinnen und Ärzte.
Sie helfen, wenn jemand krank ist.
Wir denken an die Erzieherinnen und Erzieher,
die Lehrerinnen und Lehrer, die Forscherinnen und Forscher.
Von ihnen können wir viel lernen.
Wir denken an alle, die Verantwortung tragen,
in Rathäusern, Parlamenten und Regierungen.
Sie sollen für das Wohl der Menschen sorgen.

Gott hält die ganze Welt in seiner Hand.

Viele Menschen sind für uns da. Wir kennen sie nicht alle.
Es ist gut, wenn Menschen für uns da sind.
Segne ihre Arbeit.

Schimpfen

79

Herr, immer wieder werden wir geschimpft.
Manchmal ist das gemein und ungerecht.
Wir waren gar nicht schuld,
oder es war nicht so schlimm, was wir gemacht haben.
Dann haben wir eine Wut.
Hilf uns, dass wir nicht nachtragend werden.

Manchmal haben wir Schimpfe verdient.
Wir haben das Zimmer nicht aufgeräumt.
Wir sind zu spät nach Hause gekommen.
Wir waren sehr frech.
Hilf uns, dass wir unsere Fehler einsehen.

Manchmal hört das Schimpfen gar nicht auf.
Alle haben schlechte Laune.
Dann können wir es niemand recht machen.
Alle meckern herum.
Hilf uns, schlechte Laune zu überwinden.

Manchmal schimpfen wir selbst.
Jemand hat uns geärgert.
Und gemein war es auch,
wie wir behandelt wurden.
Hilf uns, dass wir auch verzeihen können.

Versöhnung

80*

Gott, gib uns den Mut, uns zu versöhnen,
wenn wir uns gestritten haben.
Gib uns den Mut, uns zu unseren Fehlern zu bekennen,
die wir gemacht haben.
Gib uns den Mut, Frieden zu stiften,
wenn andere sich streiten.
Gib uns den Mut, um den Frieden in unseren Familien,
in der Schule und in der Welt zu beten.
(konkrete, aktuelle Orte / Länder nennen)
Gib uns den Mut, daran zu glauben,
das du Frieden schaffen kannst,
wo Hass und Unversöhnlichkeit trennen.
Dazu schenke du uns deinen Geist und Segen.

81 Abschied

Weißt du, Gott:
Abschied nehmen kann schwer sein:
wenn ein guter Kumpel wegzieht,
wenn die beste Freundin die Schule wechselt,
wenn Vater und Mutter sich trennen,
wenn jemand stirbt.
Wer tröstet uns, wenn wir Abschied nehmen müssen?

Die Jünger haben erfahren:
Sie sind nie allein.
Du bist da und tröstest sie mit deinem Heiligen Geist.

Sei bei uns mit deinem Geist,
der uns tröstet, wenn wir traurig sind
und uns aufrichtet, wenn wir niedergeschlagen sind.

82* Unterwegs

Lieber Vater,
wir danken dir, dass du bei uns bist,
auch wenn wir meinen, dass wir es nicht spüren.
Dein Hand führt uns,
und wir können uns gegenseitig anleiten und helfen.

Wir bitten dich für alle Mütter und Väter,
die auf den Straßen unterwegs sind.
Wir bitten dich für alle, die Autos und Bahnen,
Flugzeuge und Schiffe lenken.
Lass alle Leute gut zu ihren Zielen kommen.
Beschütze du uns und alle Menschen.

Klage

83

Gott, du siehst, womit andere uns fertig machen:
Sie lachen uns aus.
Sie zeigen mit Fingern auf uns.
Sie verprügeln uns.
Sie lassen uns nicht mitspielen.
Gott hilf uns.

Alle: Herr erbarme dich. / Kyrie eleison.

Gott, du weißt, dass wir andere fertig machen:
Wir lachen sie aus.
Wir zeigen mit Fingern auf sie.
Wir verprügeln sie.
Wir lassen sie nicht mitspielen.
Gott verzeih uns.

Alle: Herr erbarme dich. / Kyrie eleison.

Für den Kindergottesdienst und seine Mitarbeiterinnen und Mitarbeiter

84

Guter Gott,
wir sind die Kinder in deiner Gemeinde.
Wir freuen uns, dass wir bei dir genauso wichtig sind wie die Großen.
Wir danken dir für die Geschichten, die wir hören.
Wir danken dir für die Lieder und unser fröhliches Miteinander.
Wir danken dir, dass wir dir alles sagen dürfen.
Wir bitten dich für die Mitarbeiterinnen und Mitarbeiter.
Wie schön, dass sie sich für uns Zeit nehmen.
Schenke ihnen deinen Geist,
damit sie die Freude an ihrer Aufgabe behalten.
(Wenn neue Mitarbeiterinnen und Mitarbeiter angefangen haben, Namen einfügen:)
... sind neu im Team des Kindergottesdienstes dabei.
Wir freuen uns, dass sie neugierig geworden sind auf diese Arbeit.
Wir bitten dich, segne du alles,
was sie für die Kinderkirche tun werden.
Danke, guter Gott, dass du uns Menschen brauchen kannst
als deine Mitarbeiterinnen und Mitarbeiter.

85* **Mein Tag in deiner Hand**

Jeder Tag, guter Gott, ist ein Geschenk von dir.
Ich erzähle dir heute in meinem Gebet,
wie ein Tag in meinem Leben aussieht.
Ich denke an den Tag gestern und was ich da alles gemacht habe.
Ich danke dir, dass auch die kleinen Dinge dir wichtig sind.

Jede Stunde, guter Gott, ist ein Geschenk von dir.

Morgens bin ich aufgewacht und habe mir die Augen gerieben.
Ein neuer Tag war da. Ich bin aufgestanden.
Und dann ...

(Die Kinder erzählen.)

Jede Stunde, guter Gott, ist ein Geschenk von dir.

Mittags hatte ich Hunger. Das Essen hat mir geschmeckt.
Der ganze Nachmittag lag vor mir.
Was habe ich da gemacht?

(Die Kinder erzählen.)

Jede Stunde, guter Gott, ist ein Geschenk von dir.

Abends bin ich noch eine Weile aufgeblieben,
bevor ich ins Bett ging.
Was habe ich da gemacht?

(Die Kinder erzählen.)

Jede Stunde, guter Gott, ist ein Geschenk von dir.

Dann bin ich ins Bett gegangen und bald eingeschlafen.
Ich danke dir, Gott, für den ganzen Tag,
für alles Schöne und Aufregende,
für alles Neue und Bekannte.
Ich danke dir, Gott, für jeden neuen Tag, auch für diesen.
Schenke mir und allen einen guten Tag.

Wir beten für die große, weite Welt

Wer unsere Hilfe braucht

86*

Barmherziger Gott,
wir bitten dich für alle Menschen,
die traurig sind,
für alle, die Angst haben,
für alle, die nicht verstanden werden.

Kyrie eleison. Herr erbarme dich.

Wir bitten dich für die Menschen, die krank sind,
für die Menschen, die hungern,
für die Menschen auf der Flucht,
für die Menschen im Gefängnis.

Kyrie eleison. Herr erbarme dich.

Lass uns entdecken, wer unsere Hilfe braucht.
Wir wollen helfen so gut wir können.
Wir rufen zu dir:

Kyrie eleison. Herr erbarme dich.

87 **Für die Kinder**

Gott, geheiligt werde dein Name!

Wir bitten dich für die Kinder, die getauft sind:
Beschütze sie und schenke ihnen Glauben.

Gott, geheiligt werde dein Name!

Wir bitten dich für die Kinder, die Angst haben:
Tröste sie und schenke ihnen ein Lachen.

Gott, geheiligt werde dein Name!

Wir bitten dich für die Kinder, die krank sind:
Behüte sie und schenke ihnen Gesundheit.

Gott, geheiligt werde dein Name!

Wir bitten dich für die Kinder in Afrika:
Lass die Hirse wachsen, dass die Kinder satt werden.

Gott, geheiligt werde dein Name!

88 **Verfolgte Kirche**

Jesus, auf deinen Namen sind wir getauft.
Wir gehören zu dir. Wir sind deine Gemeinde.
Überall auf der Welt gibt es Christinnen und Christen.
In manchen Ländern haben sie es schwer.

Wenn sie sagen, dass sie an dich glauben,
werden sie verspottet und verachtet.
Sie werden geschlagen und kommen in das Gefängnis,
weil sie andern von dir erzählen.
Manche Kirchen werden angezündet.
Gläubige werden verschleppt, misshandelt.

Gib ihnen allen Mut und sei bei ihnen.
Gib uns allen den Mut, den wir brauchen, wenn wir von dir erzählen.
Du bist Herr über die ganze Welt.

Frieden

Gott, manchmal ist es schlimm in unserer Klasse.
Einer hackt auf dem anderen herum.
Keiner gönnt dem anderen sein Glück und seinen Erfolg.
Jeder will Bestimmer sein und nicht nachgeben.
Wir brauchen dich, Gott, deinen guten Geist,
damit wir lernen, aufeinander zuzugehen
und einander die Hände zu reichen.

Hilf uns, auch die zu achten,
die wir nicht leiden können und die uns fremd sind.
Lass uns füreinander da sein und eine gute Gemeinschaft haben.
Wir denken an die Menschen, bei denen Krieg herrscht und Terror.
Wehre dem Hass und der Unvernunft.
Schenke denen Erfolg, die versuchen Frieden zu stiften.

Um Gerechtigkeit

Guter Gott,
immer wieder hören wir davon, dass Menschen leiden müssen.
In vielen Ländern werden Menschen verfolgt,
weil sie anders denken wie die Regierung.
In anderen Ländern haben Menschen Hunger,
weil das Essen und das Geld ungerecht verteilt sind.
In vielen Ländern wird auch Kindern Gewalt angetan.
Sie müssen hart arbeiten und bekommen fast keinen Lohn dafür.
Guter Gott,
wir sind so hilflos, wenn wir solche Nachrichten hören.
Die Menschen tun uns Leid,
und dennoch können wir ihnen nicht helfen.
Wir wissen aber, dass du nicht willst, dass Menschen leiden müssen.
Du willst nicht, dass Menschen ungerecht behandelt werden.
Du willst eine gerechte Welt, in der es den Menschen gut geht.
Wir bitten dich, dass es in unserer Welt gerechter zugeht.
Wir bitten dich, dass auch die Regierungen das tun, was du willst
und was deine Menschen glücklich macht.

Wir beten in besonderen Situationen

91 ### Ein Kind wird getauft

Lieber Gott,
heute haben wir ... getauft.
Wir freuen uns, dass sie/er geboren wurde.
Wir danken dir, lieber Gott,
dass du ihr/ihm das Leben geschenkt hast.
Du hast ihr/ihm die Augen, den Mund und die Ohren,
die Arme und Beine gegeben.
Bald kann er/sie lachen und sprechen, spielen und laufen.

Du hast dem Kind ihre Eltern und den Eltern ihr Kind geschenkt.
Gib ihnen viel Verständnis füreinander und viel Freude aneinander.
Du bist für alle Kinder wie eine Mutter und ein Vater.
Alle Menschen sind deine Kinder.
Halte ... in deiner starken Hand.
Halte uns alle in deiner Hand.

92 ### Schulanfang

Lieber Gott,
die Schule hat begonnen.
Wir sind neugierig auf das neue Schuljahr.
Die neuen Lehrerinnen und Lehrer,
die neuen Mitschülerinnen und Mitschüler,
alle müssen sich erst noch kennen lernen.
Am ersten Schultag haben manche von uns auch ein wenig Angst.

Wir bitten dich:
Schenke den Schülerinnen und Schülern Freude am Lernen,
Lass die Lehrerinnen und Lehrer mit Geduld und Interesse unterrichten.
Gib deinen guten Geist in die Klassen,
damit Schülerinnen und Schüler sich gut verstehen.
Und wenn es Streit gibt, hilf, dass wir gute Lösungen finden.

Wenn ein Kind aus der Kinderkirche gestorben ist

Vater im Himmel,
... lebt nicht mehr bei uns. Sie/Er ist gestorben.
... wird nicht mehr mit uns Kindergottesdienst feiern, Lieder singen und
Geschichten hören. Sie/Er fehlt uns.
Wir können uns nicht vorstellen, dass sie/er nicht mehr kommt.
Wir haben sie/ihn noch so gut vor Augen.
Das Gesicht, die Haare, das Lachen, der Gang, die Stimme. So wie sie/er
war.

Jetzt ist ... bei dir. Du hast sie/ihn an deine Hand genommen und ihr/ihm
ein neues zu Hause gegeben. Bei dir kann ... bleiben. Bei dir ist ihr/sein
Leben gut aufgehoben.
Wir vertrauen darauf, dass ... immer zu dir gehört.
Auch wir wollen immer zu dir gehören.

Das Vaterunser

Das Vaterunser schließt das Schluss- oder Fürbittengebet ab.

94 **Einleitung zum Vaterunser**

Wir beten nun gemeinsam mit den Worten, mit denen Jesus auch gebetet hat ...

Oder:
Wir beten das Vaterunser, das Gebet, das Jesus uns gelehrt hat...

95 **Das Vaterunser**

Vater unser im Himmel,
geheiligt werde dein Name.
Dein Reich komme.
Dein Wille geschehe,
wie im Himmel, so auf Erden.
Unser täglich Brot gib uns heute.
Und vergib uns unsere Schuld,
wie auch wir vergeben unseren Schuldigern.
Und führe uns nicht in Versuchung,
sondern erlöse uns von dem Bösen.
Denn dein ist das Reich
und die Kraft
und die Herrlichkeit in Ewigkeit.

96 **Das Vaterunser als Lied**

»Vater unser, Vater im Himmel« (EG 188 / LJ 131 / MKL 29)
»Vater unser im Himmelreich« (EG 344 / LJ 198)

Wir beten an den Festtagen des Kirchenjahrs

Advent: Seht die gute Zeit ist nah

Seht, die gute Zeit ist nah:
Gott kommt auf die Erde.
Kommt und ist für alle da,
kommt, dass Friede werde.

Wir warten auf Weihnachten.
Ungeduldig zählen wir die Tage.
Die Tage sind geheimnisvoll und spannend.
Wir warten auf dich, Gott,
dass du zu uns kommst,
du unsichtbarer und unbegreiflicher Gott.

Seht, die gute Zeit ist nah:
Gott kommt auf die Erde.
Kommt und ist für alle da,
kommt, dass Friede werde.

Was wünschen wir uns zu Weihnachten?
Schöne Geschenke, gutes Essen und fröhliche Stunden.
Wir wünschen uns aber auch, guter Gott,
dass die Menschen sich besser verstehen,
dass kein Krieg kommt und kein Unglück passiert.

Seht, die gute Zeit ist nah:
Gott kommt auf die Erde.
Kommt und ist für alle da,
kommt, dass Friede werde.

Wir denken und grübeln: Was sollen wir schenken?
Wir warten gespannt: Was werden wir kriegen?
Wir denken aneinander und wollen uns Freude schenken.
Du, Gott, bist unser größtes Geschenk:
Als Kind in der Krippe, unser Bruder.

Seht, die gute Zeit ist nah:
Gott kommt auf die Erde.
Kommt und ist für alle da,
kommt, dass Friede werde.

Wir freuen uns auf Weihnachten.
Bald ist es so weit. Das Fest ist nah!
Es gibt so viel Schönes in dieser Zeit:
Kerzen und Lieder, Sterne und den Weihnachtsbaum.
Die größte Freude ist, dass du, Gott, zu uns kommst.

(Dieses Gebet nimmt die vier Themen der vier Adventssonntage auf: Warten, Wünschen,
Schenken, Freude. Man kann auch jeden der vier Teile als ein Gebet für die vier Advents-
sonntage nehmen. Der Kehrvers kann gesungen werden: EG 18 / LJ 28.)

98 Advent: Offene Augen, Ohren, Hände, Herzen

Gott, wir bitten dich in dieser Adventszeit
um offenen Augen, damit wir sehen,
wenn einer allein ist und uns braucht;
um offenen Ohren, damit wir hören,
wenn einer uns sagen will, was ihn bedrückt;
um offene Hände, damit wir abgeben,
wenn andere hungern;
um ein offenes Herz, damit wir fühlen,
wie du uns und die ganze Welt liebst.

99 Advent: Komm, o mein Heiland

Komm, o mein Heiland Jesu Christ,
meins Herzens Tür dir offen ist.
Ach zieh mit deiner Gnade ein;
dein Freundlichkeit auch uns erschein.
Dein heilger Geist uns führ und leit
den Weg zur ewgen Seligkeit.
Dem Namen dein, o Herr,
sei ewig Preis und Ehr.

Weihnachten: Kind Jesus

100*

Jesus, du warst ein Kind - wie ich.
Du bist geboren – wie ich.
Du hattest Eltern und Geschwister - wie ich.
Du hast gespielt und gelernt - wie ich.
Du hast sicher oft gelacht.
Du hast sicher manchmal geweint - wie ich.
Du warst ein Kind - wie ich.
Ach, lass mich werden wie du!

Weihnachten: Der Weg nach Bethlehem

101

Schritt für Schritt gehe ich den Weg,
den Weg nach Bethlehem.

Ich komme zum Licht.
Ich komme zur Wärme.

Schritt für Schritt gehe ich den Weg,
den Weg nach Bethlehem.

Die Hoffnungen haben sich erfüllt.
Der Retter der Welt ist da.

Schritt für Schritt gehe ich den Weg,
den Weg nach Bethlehem.

Die Angst hat ein Ende.
Ich bin am Ziel.

102 ## Ein neues Jahr

Jetzt ist Winter, Gott. Die Erde schläft.
Ich freue mich auf den Schnee und das Schlittenfahren.
Wir bitten dich, Gott, für deine Erde.

Text und Melodie: Bernd Schlaudt, Gruppe Liturgie, 1985. Rechte beim Autor.

Bald wird es Frühling, Gott. Die Erde wacht auf.
Ich freue mich auf die Sonne und das Fahrradfahren.
Wir bitten dich, Gott, für den Himmel.

Wie in einer zärtlichen Hand sind wir
geborgen bei Gott für alle Zeit.

Dann wird es Sommer, Gott. Die Erde blüht.
Ich freue mich auf die Ferien und das Schwimmbad.
Wir bitten dich, Gott, für den Wind.

Wie in einer zärtlichen Hand sind wir
geborgen bei Gott für alle Zeit.

Nach dem Sommer wird es Herbst, Gott. Die Erde wird nass.
Ich freue mich auf Sankt Martin und die Laternen.
Wir bitten dich, Gott, für den Regen.

Wie in einer zärtlichen Hand sind wir
geborgen bei Gott für alle Zeit.

Passionszeit: Jesus, ich denke an dich

Jesus, ich denke an dich, wie sehr du leiden musstest.
Deine Jünger haben dich verlassen und sind davon gelaufen.

Ich denke an Menschen, die schreckliche Angst haben.
Am liebsten würden sie davonlaufen oder sich verkriechen.

Jesus, ich denke an dich, wie du verraten wurdest
von deinem eigenen Freund.

Ich denke an Menschen, die von ihren Freunden
im Stich gelassen werden. Sie stehen ganz alleine da.

Jesus, ich denke an dich, wie du beleidigt und verspottet wurdest,
geschlagen und gequält.

Ich denke an Menschen, die eine solche Wut haben,
dass sie alles kaputt schlagen möchten.
Sie tun Böses, aber in Wirklichkeit brauchen sie einen,
der gut zu ihnen ist.

Jesus, ich denke an dich und an alle Menschen, die leiden.
Sei du bei ihnen.

Passionszeit: Dein Leiden – unsere Leiden

Jesus, du bist verhaftet worden;
du bist nicht weggelaufen.
Man hat dich ausgelacht und geschlagen;
du bist nicht böse geworden.
Dir haben deine Wunden weh getan;
du bist nicht bitter geworden.
Vor solchem Leiden, wie wir es bei dir sehen,
haben wir Angst.
Wir bitten dich: Bewahre uns vor solcher Not.
Es gibt aber so viele Menschen,
die Schmerzen haben und verlassen sind wie du.
Lass sie erfahren, dass du ihre Leiden kennst.
Herr, erbarme dich.

105 Ostern: Du lebst und wir dürfen aufatmen

Christus, wir loben dich:
Du lebst und lässt uns im Leben nicht allein.
Du begleitest uns Tag für Tag bei jedem Schritt.
Steine legen sich uns in den Weg. Du räumst sie weg.
Steine legen sich uns aufs Herz. Du trägst mit.
Weil du lebst, können wir aufatmen.
Christus, wir loben dich:
Du hast alles für uns getan.

106* Ostern: Du bist so lebendig

Du bist nicht tot, Jesus, das weiß ich.
Du bist so lebendig, dass ich mit dir reden kann.
So lebendig, dass ich dir meine Angst sagen kann.
Wenn ich am Grab stehe von einem Menschen,
den ich gekannt habe, dann denke ich:
Er ist nicht hier, er ist auferstanden und bei dir, Jesus.
Und wenn ich selbst Angst habe vor dem Totsein,
dann nimmst du mich in Gedanken in den Arm und sagst:
Hab keine Angst. Ich bin doch immer noch da.
Wenn du das tust, Jesus, fällt mir ein Stein vom Herzen.
Das ist wie eine Osterüberraschung, immer wieder.

107* Pfingsten: Wir bitten, Herr, um deinen Geist

Vater im Himmel, dein Heiliger Geist macht alles neu:
Die Erde, die Kirche und uns selber.

Wir bitten, Herr, um deinen Geist.

Es gibt so viel Traurigkeit in der Welt
und so viele Menschen, die weinen.
Schenke uns den Geist der Freude.

Wir bitten, Herr, um deinen Geist.

Es gibt so viel Streit in der Welt
und so viele Menschen, die nur an sich denken.
Schenke uns den Geist der Freundschaft.

Wir bitten, Herr, um deinen Geist.

Es gibt so viel Lüge in der Welt
und so viele Menschen, die sich verstellen.
Schenke uns deinen Geist der Wahrheit.

Wir bitten, Herr, um deinen Geist.

Es gibt so viel Hass in der Welt
und so viele Menschen, die miteinander streiten.
Schenke uns den Geist des Friedens.

Wir bitten, Herr, um deinen Geist.

Es gibt so viel gute Gemeinschaft in der Welt
und Menschen, die sich danach sehnen.
Schenke uns den Geist der Einigkeit.

Wir bitten, Herr, um deinen Geist.

Erntedank: Du hast alles gemacht

108

Großer Gott, du hast alles gemacht:
die Sonne, den Mond, den Tag und die Nacht,
den Himmel, die Erde, das Wasser, den Schnee,
die Tiere am Land, die Fische im See,
ein Kleid für die Erde: grün, gelb, blau und rot,
die Blumen, die Wälder, wir freuen uns, Gott!

109* **Erntedank: Gott, hilf uns teilen**

Guter Gott, du hast uns Menschen so viel in die Hände gelegt.
Dafür danken wir dir und bitten dich:

Gott, hilf uns zu teilen.

Wir haben Brot, dass wir satt werden,
und Süßigkeiten zum Naschen.

Gott, hilf uns zu teilen.

Wir haben Hosen und Pullover, damit wir nicht frieren,
und Spielsachen zum Spielen.

Gott, hilf uns zu teilen.

Wir haben Bücher, um lernen zu können,
und Freunde, die uns verstehen.

Gott, hilf uns zu teilen.

Wir haben ein Haus, in dem wir wohnen,
und Feste, die wir mit anderen feiern.

Gott, hilf uns zu teilen.

Gott hilf uns, dass unsere Hände sich nicht verschließen,
sondern offen bleiben, um anderen zu helfen.

Ewigkeitssonntag: Wenn jemand gestorben ist

110

Wir gehören zu dir, Gott,
wenn wir leben und wenn wir sterben.
Du hast uns lieb. Du tröstest uns, wenn wir traurig sind.

Wir bitten dich:
Sei du allen nahe, die traurig sind, weil jemand gestorben ist.
Schicke ihnen Menschen, die sie verstehen,
wenn sie weinen und verzweifelt sind.
Lass sie spüren: Du bist da.
Du schenkst neues Leben. Du bist stärker als der Tod.

In der Stille sagen wir dir, an wen wir jetzt besonders denken...

Gott, du hörst uns, wenn wir zu dir beten.
Dafür danken wir dir.

Gott begleitet uns

Segen und Abschied

111 Der aaronitische Segen

Der Herr segne dich und behüte dich.
Der Herr lasse sein Angesicht leuchten über dir und sei dir gnädig.
Der Herr erhebe sein Angesicht auf dich und gebe dir Frieden.

Der Text stammt aus der Bibel (4 Mose 6, 24-26); wir können ihn auch als Gebet formulieren: Herr, segne uns und behüte uns ...

Weitere biblische Segensworte

112 Die Gnade unseres Herrn Jesus Christus und die Liebe Gottes und die Gemeinschaft des Heiligen Geistes sei mit euch allen.
(2 Korinther 13, 13)

113 Der Friede Gottes, der höher ist als alle Vernunft, bewahre eure Herzen und Sinne in Christus Jesus.
(Philipper 4, 7)

114 Der Herr behüte dich vor allem Übel,
er behüte deine Seele.
Er behüte deinen Ausgang und Eingang bis in Ewigkeit.
(Psalm 121, 7.8)

115 Gott der Liebe

Gott der Liebe,
segne uns durch deinen Heiligen Geist,
dass wir dich sehen auf den Gesichtern unserer Mitmenschen,
dass wir dich hören in den Worten derer, die mit uns sprechen,
dass wir dich spüren, wenn wir Gutes erfahren und Gutes tun.

Segne uns und mach uns heil

116

Gott, segne uns und lass uns gelingen, worum wir uns mühen.
Gott, behüte uns und lass uns geborgen sein in deiner Liebe.
Gott, sei uns gnädig und mache uns und unsere Welt heil.

Rückenwind

117

Möge dein Weg dir freundlich entgegenkommen,
Wind dir den Rücken stärken,
Sonnenschein deinem Gesicht viel Glanz und Wärme geben.
Der Regen möge deine Felder tränken,
und bis wir beide, du und ich, uns wiedersehen,
halte Gott schützend dich in seiner hohlen Hand.

Der Herr sei um dich herum

118

Der Herr sei vor dir, um dir den rechten Weg zu weisen.
Der Herr sei neben dir, um dich in die Arme zu schließen
und dich zu schützen.
Der Herr sei hinter dir, um dich zu bewahren vor bösen Menschen.
Der Herr sei unter dir, um dich aufzufangen, wenn du fällst.
Der Herr sei in dir, um dich zu trösten, wenn du traurig bist.
Der Herr sei über dir, um dich zu segnen.

Der Segen des Gottes von Sarah und Abraham

119

Der Segen des Gottes von Sarah und Abraham,
der Segen des Sohnes, von Maria geboren,
der Segen des Heiligen Geistes, der über uns wacht,
wie eine Mutter über ihre Kinder,
sei mit euch allen.

120 Den Segen einander zusprechen

Wir stehen alle im Kreis. Die Mitarbeiterin oder der Mitarbeiter legt beide Hände auf die ausgestreckten Hände des Kindes neben sich und sagt:

Der Herr segne dich.

Die Mitarbeiterin oder der Mitarbeiter dreht die Hände um, das Kind legt nun die Hände auf seine/ihre Hände und antwortet:

Sein Friede begleite dich.

So wird der Segen weitergegeben von Hand zu Hand.

121 Ein Abendsegen

Wenn die Kinderkirche abends stattfindet (Übernachtung im Gemeindehaus, Kinderbibeltag), kann auch der Abendsegen den Gottesdienst abschließen. Er kann auch am Ende des Treffens des Vorbereitungskreises stehen.

Bleibe bei uns, Herr, denn es will Abend werden
und der Tag hat sich geneigt.
Bleibe bei uns und bei deiner ganzen Kirche.
Bleibe bei uns am Abend des Tages,
am Abend des Lebens, am Abend der Welt.
Bleibe bei uns mit deiner Gnade und Güte,
mit deinem heiligen Wort und Sakrament,
mit deinem Trost und Segen.
Bleibe bei uns,
wenn über uns kommt die Nacht der Trübsal und Angst,
die Nacht des Zweifels und der Anfechtung,
die Nacht des bitteren Todes.
Bleibe bei uns und bei allen deinen Gläubigen
in Zeit und Ewigkeit.

Segenslieder

122

Von guten Mächten (EG 65 / LJ 61 / MKL 35)
Unsern Ausgang segne Gott (EG 163 / LJ 108)
Wenn wir jetzt weitergehen (EG 168,4 / LJ 113,4)
Komm, Herr, segne uns (EG 170 / LJ 116 / MKL 22)
Bewahre uns, Gott (EG 171 / LJ 117 / MKL 77)
Herr, gib uns deinen Frieden (EG 436 / LJ 247)
Der Herr segne dich (EG Regionalteile / LJ 362)
Der Segen des Gottes Saras (LJ 365)
Gott, dein guter Segen (LJ 382 / KG 220)
Herr, wir bitten: Komm und segne uns (EG Regionalteile / LJ 392)
Segne und behüte uns (EG Regionalteile / LJ 416)
Segne uns mit der Weite des Himmels (LJ 416)
Segne uns, o Herr! (EG Regionalteile / LJ 418)
Sende mich, Herr (LJ 420)

Nach Hause gehen

123

Mit freien Worten geben wir den Kindern gute Wünsche mit und erinnern ans Wiedersehen beim nächsten Kindergottesdienst. Das Verteilblatt (Wöchentlich erscheint: Für Euch: Der Jugendfreund; monatlich erscheint: Meine Welt), das die Kinder mitbekommen ist auch ein Brücke zwischen dem Kindergottesdienst und dem Elternhaus.

Kleine Kinder brauchen vielleicht Hilfe beim Anziehen der Jacke. Damit sie sicher nach Hause kommen, sollte man schauen, ob sie abgeholt werden.

Gesungene Gebetsrufe

Klage

Das Kyrie (Herr, erbarme dich) gehört traditionell in den Eingangsteil des Gottesdienstes. Es wird auch häufig als Antwortruf auf die Fürbitten gesungen.

124 | **Kyrie**

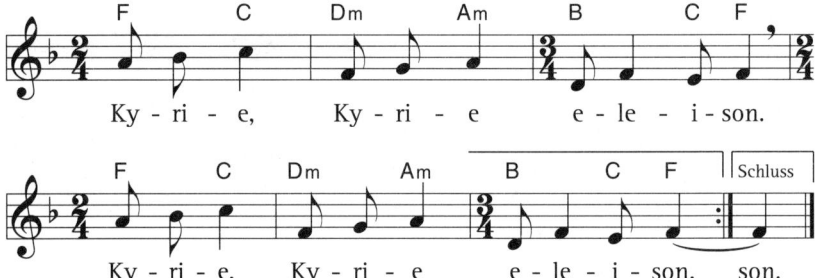

M.+S.: Jaques Berthier; T: Gesang aus Taizé; © Les Presses de Taizé. Deutsche Rechte bei Verlag Herder, Freiburg/Br.

125 | **Herr, erbarme dich**

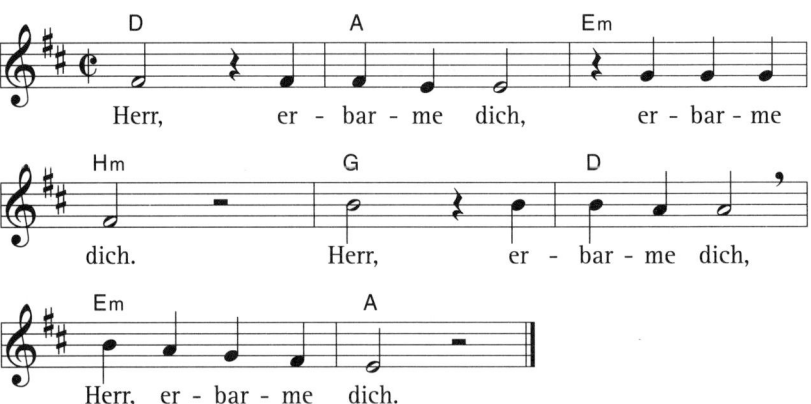

Text: Liturgie; Musik: Peter Janssens. Aus: »Ein Halleluja für dich«, 1973.
Alle Rechte im Peter Janssens Musikverlag, Telgte-Westfalen

Mein Gott, das muss anders werden

Text und Musik: Christoph Lehmann. Aus: »Fünf Brote und zwei Fische«, 1977. Alle Rechte im tvd-Verlag, Düsseldorf.

Weitere Singsprüche

Kyrie-Rufe stehen im EG 178.1-14 (vgl. LJ 120-122)
Bleibet hier und wachet mit mir (EG Regionalteile / LJ 467)
Du Gott stützt mich (EG Regionalteile / LJ 501)
Meine Hoffnung und meine Freude (EG Regionalteile / LJ 408)
Gib uns Ohren, die hören (LJ 534 / KG 195)

Lob

Mit dem Halleluja (»Gelobt sei der Herr«) drücken wir unsere Freude und unseren Dank aus. Wir loben die Schöpfung und jubeln über die Auferstehung. Das Halleluja kann am Schluss eines Psalmes stehen (»Ehr sei dem Vater...«), als Kehrvers in einem Lobgebet oder als Abschluss einer Lesung aus der Bibel. Nach kirchlicher Tradition wird in der Passionszeit das Halleluja nicht gesungen.

128 **Halleluja**

Kanon von Winfried Pilz. Rechte: Verlag Haus Altenberg, Düsseldorf.

Ein weiteres »Halleluja« finden Sie auf Seite 25.

Kommt, macht mit!

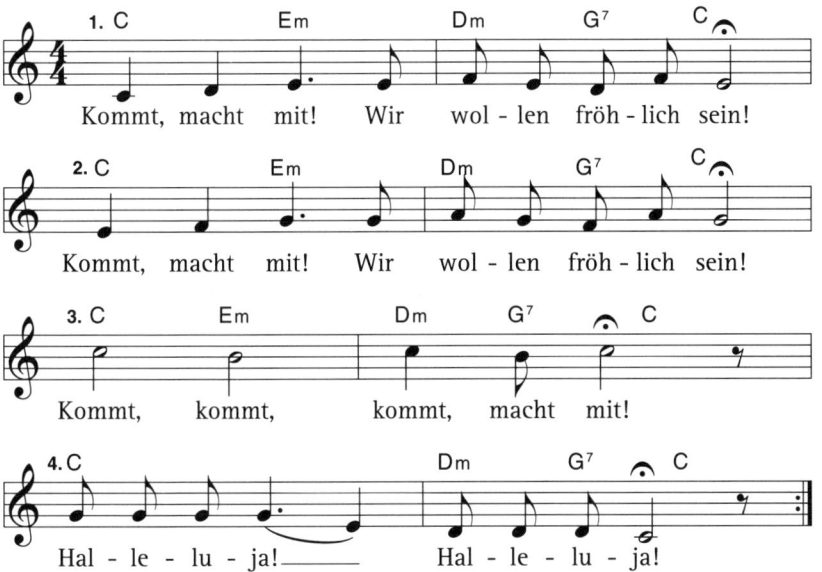

Melodie: Wolfgang Müller. Rechte beim Autor.

Auch als Kehrvers für den Psalm Nr. 25; dort eine weitere Melodie.

Gloria

Kanon von Richard Rudolf Klein. Aus: »Weggefährten« Heft 5 »Im Jahreslauf«. Fidula-Verlag, Boppard/Rhein und Salzburg

131 Ehr sei dem Vater und dem Sohn

Das »Ehr sei dem Vater« steht am Schluss eines Psalmgebets. Das verbindet Kinder-
und Erwachsenengottesdienst. Es passt auch gut als Abschluss von neuen Psalmen.
Wenn allerdings ein gesungener Kehrvers vorkommt, lässt man das »Ehr sei dem
Vater« besser weg.

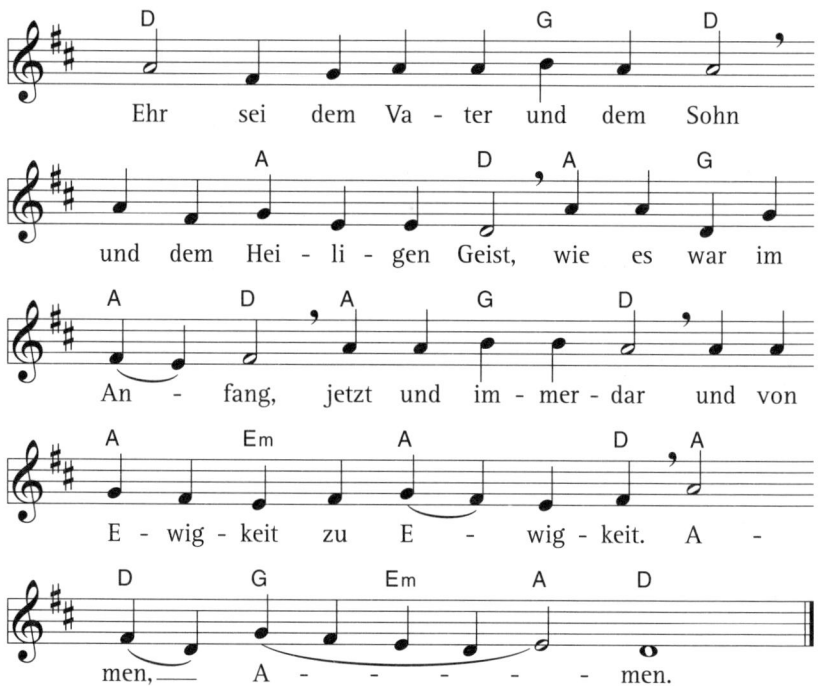

Melodie: Soest 1532

132 Weitere Singsprüche

Sie stehen im EG 181.1-8
Gott, deine Taten (LJ 381 / MKL 10)
Preisen lasst uns Gott, den Herrn (LJ 413)

Amen

Das Amen beschließt jedes Gebet und auch die Lesungen aus der Bibel. Es kann von der Mitarbeiterin oder dem Mitarbeiter oder von den Kindern als Antwort gesprochen werden. Am Schluss des Gottesdienstes kann auch ein gesungenes Amen stehen.

Amen, das ist: es werde wahr.
Stärk unsern Glauben immerdar,
auf dass wir ja nicht zweifeln dran,
was wir hiermit gebeten han
auf dein Wort, in dem Namen dein.
So sprechen wir das Amen fein.
(Martin Luther, EG 244,12)

Amen 133

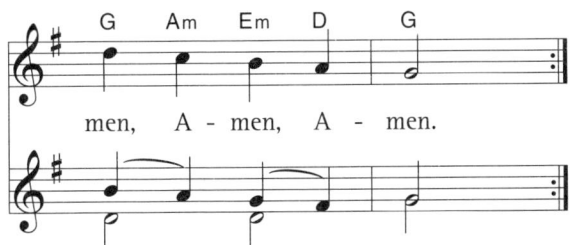

Spiritual eingerichtet von Hans-Peter-Braun

134 Masithi Amen

Alle: C

Ma - si - thi   A - men,   si - ya - ku - du - mi -

Vorsänger:

G   *Alle:* Dm   C   G

sa.   Ma - si - thi   A - men,   si - ya - ku - du - mi -

Vorsänger:

C   *Alle:*   F

sa.   Ma - si - thi   A - men,   Ba - wo,   A - men, Ba -

Vorsänger:

C   G   C

wo,   A - men,   si - ya - ku - du - mi - sa.

Text, Melodie und Satz: Xhosa von Stephan Cuthbert Molefe;
Deutsch: »Singt Amen! Wir preisen Gott, den Herrn.« Übersetzung: Dieter Trautwein. © Strube Verlag, München-Berlin

Verzeichnisse

Verzeichnis der verwendeten Abkürzungen

Dbd = Du bist da, Gebete zum Plan für den Kindergottesdienst
EG   = Evangelisches Gesangbuch
LJ   = Liederbuch für die Jugend, Quell Verlag / Gütersloher Verlagshaus
PKG = Plan für den Kindergottesdienst
MKL = Menschenskinderlieder, Beratungsstelle für Gestaltung, Frankfurt
KG   = Kindergesangbuch, Claudius Verlag, München

Stichwortverzeichnis

(Die Zahlen beziehen sich auf die Nummern, die den einzelnen Texte, Gebeten und Liedern vorangestellt sind.)

Alphabetisches Verzeichnis der Lieder

Hinweise auf Autorinnen und Autoren und Urheberrechte

(Die vorangestellten Ziffern beziehen sich auf die Nummern in diesem Buch)

13	EG 103	51	Gottfried Mohr
18	Übertragung von Georg Ottmar	52	Gottfried Mohr
19	Übertragung von Georg Ottmar	53	Gottfried Mohr
20	Andreas Weidle	54	Gottfried Mohr
21	Text: Gottfried Mohr	55	Gottfried Mohr
23	Übertragung von Gottfried Mohr	56	Gottfried Mohr
24	Übertragung von Martin Luther (Kehrvers) und Gottfried Mohr (Strophen)	57	Gottfried Mohr
25	Text: Gottfried Mohr	59	Psalm 103 und Gottfried Mohr
26	EG 768	61	Gottfried Mohr
27	EG 770	64	Lutz Geiger
28	Text: Gottfried Mohr, Kehrvers: Paul Gerhardt	66	Inge Böhle/Uta Laakmann
29	nach Dietrich Bonhoeffer	67	Martin Gotthard Schneider, aus: »Sieben Leben möchte ich haben«, © Christophorus Herder, Freiburg/Br.
30	Hans Villinger		
31	Gottfried Mohr nach 1 Mose 1 und Psalm 104,24	68	Hans Villinger
32	Urd Rust	69	Annette von Bodecker
33	Elke Kästel nach Psalm 24 und Jesaja 60	70	Johannes Blohm
35	nach Bonhoeffers Morgensegen	71	Hans Villinger
36	Aus: Er gebe uns ein fröhlich Herz, Nr. 53, Verlag Junge Gemeinde, (vergriffen)	72	Marianne Dehlinger
		73	Horst Ramsch
37	nach Lydia Laucht	74	Alma Grüßhaber
38	Lydia Laucht	75	Gottfried Mohr
39	Aus: Gottesdienst der Kinder. Mut zur Liturgie, Reihe: Für den Gottesdienst, Heft 18, Herausgegeben von der Arbeitsstelle für Gottesdienst und Kirchenmusik, Hannover 1982, S. 27	77	Aus: Gebete für den Kindergottesdienst. Herausgegeben vom Landesverband für evangelische Kindergottesdienstarbeit in Bayern, 1974, S. 77.
		78	Aus: Er gebe uns ein fröhlich Herz, Nr. 72, Verlag Junge Gemeinde (vergriffen)
40	Aus: Regine Schindler, »Gott, ich kann mit dir reden«, Verlag Ernst Kaufmann, Lahr	79	Gottfried Mohr
41	Aus: Regine Schindler, »Gott, ich kann mit dir reden«, Verlag Ernst Kaufmann, Lahr	80	Peter Hitzelberger, Hans-Jürgen Schutzbach
42	Idee: Gottfried Mohr	81	Georg Ottmar
43	Georg Ottmar	82	Aus: Er gebe uns ein fröhlich Herz, Nr. 71, Verlag Junge Gemeinde (vergriffen)
45	Claudia Rembold-Gruss		
46	Lieve Van den Ameele-Steller in: Homiletische Monatshefte 5. Jg. 1999/2000, Reihe IV, Heft 8/Mai 2000; Vandenhoek & Ruprecht, Götingen	83	Aus: Er gebe uns ein fröhlich Herz, Nr. 75, Verlag Junge Gemeinde (vergriffen)
		85	Gottfried Mohr

86 Nach: Gottesdienst der Kinder. Mut zur Liturgie, Reihe: »Für den Gottesdienst«, Heft 18, Herausgegeben von der Arbeitsstelle für Gottesdienst und Kirchenmusik, Hannover 1982, S. 26

87 Lydia Laucht

89 Hans Villinger

90 Siegfried Reissing

91 Aus: Regine Schindler, »Steffis Bruder wird getauft, Religion für kleine Leute«, Verlag Ernst Kaufmann, Lahr

92 Lutz Geiger

93 Aus: Er gebe uns ein fröhlich Herz, Nr. 77, Verlag Junge Gemeinde (vergriffen)

97 Gottfried Mohr; Refrain aus: Die ganze Welt hat sich gefreut. Ein Weihnachtsbuch, Herausgegeben von Friedrich Walz, Verlag der Ev.-Luth. Mission, Erlangen

98 Aus: Gottesdienste mit Kindern S. 86, Landeskirchenamt der Evangelischen Kirche von Kurhessen-Waldeck

99 Georg Weissel, EG 1,5

100 Aus: Detlev Block, »Gut, daß du da bist. Gebete für Kinder«, Edition Anker im Christlichen Verlagshaus, Stuttgart 1995

101 Lisbeth Reuß

102 Lydia Laucht

103 Nach: Er gebe uns ein fröhlich Herz, Nr. 87, Verlag Junge Gemeinde (vergriffen)

104 Aus: Er gebe uns ein fröhlich Herz, Nr. 88, Verlag Junge Gemeinde (vergriffen)

105 Gottfried Mohr

106 Andreas Weidle

107 Aus: Er gebe uns ein fröhlich Herz, Nr. 91, Verlag Junge Gemeinde (vergriffen)

108 Aus: Regine Schindler, »Gott, ich kann mit dir reden«, Verlag Ernst Kaufmann, Lahr

109 Inge Böhle / Uta Laakmann

110 Ariane Vermeil

115 Georg Ottmar

116 Hans Villinger

117 aus Irland, EG S. 1039

118 LJ S.729

119 Aus dem alten Badischen Kirchengesangbuch (1910), Nr. 451, nach einer Melodie von Christian Gregor, 1784; Text: Johannes Evangelista Großner, 1773–1858

120 Gottfried Mohr

121 Georg Christian Diefenbach

128 EG 103

Folgende Texte aus diesem Buch sind auch in »Wie eine Tüte Rückenwind«:

(Dieses Buch zum Mitbeten für die Kinder ist ab Sommer 2001 beim Verlag »Der Jugendfreund«, Postfach 10 03 55, 70747 Leinfelden-Echterdingen, erhältlich. Die angegebenen Nummern beziehen sich auf die Ziffern, die in diesem Buch den Texten vorangestellt sind. Sie finden die entsprechenden Texte in »Wie eine Tüte Rückenwind« jeweils über den angegebenen Titel.)